W0392617

Niklaus Kuster

Dass der Himmel auf die Erde komme

Niklaus Kuster

Dass der Himmel auf die Erde komme

Christlich durch den Advent

echter

Klimaneutral
Druckprodukt
ClimatePartner.com/12514-2008-1001

Der Umwelt zuliebe verzichten wir bei unseren Büchern
auf Folienverpackung.

Bibliografische Information der Deutschen Nationalbibliothek

Die Deutsche Nationalbibliothek verzeichnet diese Publikation
in der Deutschen Nationalbibliografie; detaillierte bibliografische
Daten sind im Internet über ‹http://dnb.d-nb.de› abrufbar.

1. Auflage 2020
© 2020 Echter Verlag GmbH, Würzburg

Umschlag: wunderlichundweigand.de
(Umschlagfoto: gettyimages / Leo Mcgilly / EyeEm)
Satz: Crossmediabureau, Gerolzhofen
Druck und Bindung: Pustet, Regensburg

ISBN 978-3-429-05553-0

Inhalt

Zweite Woche
Auf dem Weg mit Weisen

Dritte Woche
Auf dem Weg mit Engeln

Einstimmung

Adventsgefühle zu wecken verspricht Geschäftstüchtigen alljährlich Einkünfte. Kaum enden Herbstferien, schreiten erste Ladenbesitzer zur Tat. Schon im Oktober werden Einkaufswelten mit Sternen, künstlichen Tannenzweigen und Weihnachtszutaten geschmückt. Bereits im November locken Weihnachtsmärkte auf Stadtplätze in Mitteleuropa und erhellen aufwändige Adventsbeleuchtungen die Gassen vieler Ortschaften. Verlängerte Ladenöffnungszeiten bieten im Dezember erweiterte Spielräume für das Weihnachtsshopping, und schon Anfang Advent laden Schulen, Firmen und Vereine zu ersten Weihnachtsfeiern. Die Sehnsucht nach einer besinnlichen Zeit kann so von Jahr zu Jahr in Bedrängnis kommen. Wie lässt sich verhindern, dass die stille Erwartung einer tieferen Freude ins Getriebe einer stressigen Vorweihnachtszeit gerät? Was viele Menschen als Kinder erlebt haben und was Erwachsene als leise Sehnsucht einholt, ist Thema dieses Buches. Seine Impulse ermutigen dazu, besinnlich zu werden, sich heute »auf dem Weg nach Betlehem« begleiten zu lassen und sich nicht in lauten Gassen und vollen Herbergen zu verlieren.

Nazaret, Rom und Betlehem – unruhige Orte

Laute Adventswochen und Rummel stehen einer innigen Weihnachtserfahrung nicht entgegen. Das Treiben der Welt mischt sich auch in die Evangelien von der Gottesgeburt in Israel. Lukas und Matthäus führen in ihren Weihnachtsgeschichten zielsicher an belebte Orte und Städte: Das Dorf Nazaret in Galiläa war noch überschaubar, doch drängten sich seine Wohnhöhlen auf engem Raum zusammen. Betlehem zeigt sich biblisch als Schauplatz einer Volkszählung überfüllt. Dasselbe dürfte für die Handelsstraße gelten, die von Jerusalem über das Davidstädtchen und Hebron südwärts ans Rote Meer führte. Die Etappenorte hatten da auch in normalen Zeiten viele Durchreisende zu verkraften. Rom wiederum kannte als Hauptstadt des Imperiums unter Kaiser Augustus keine einzige Nachtstunde ohne Lärm – und ohne Mord und Totschlag.

Die Evangelien verbinden das Weihnachtsgeschehen eng mit diesen Orten. Sie dienen nicht einfach als Kontrastfolie, sondern machen deutlich: Gottes Sohn wird dieser Welt gegeben, in der es nicht nur Hirten auf stillen Feldern gibt, sondern überfüllte Städte und Machtzentren, in denen Herrscher die Welt bewegen. Volle Herbergen stehen schon damals für Mobilität und wirtschaftlichen Erfolg. Eine Unterkunft mit Krippe spricht von einfachen Leuten und ihrer tatkräftigen Solidarität. Ein König außer Rand und Band steht für Politik und Herrschaft, die keine Mittel scheut, um ihre Eigeninteressen zu waren. Die Schilderung einer Flucht erinnert daran, dass das Weltgeschehen zu allen Zeiten auch Migration kennt und dass vielfältige Nöte immer wieder Menschen in die Fremde zwingen. Damals wie heute wagt sich Gott »mit Leib und Seele« in eine turbulente Welt.

Laute Gassen und volle Herbergen

Die biblische Weihnachtsgeschichte flieht die lauten Orte nicht und blendet das Treiben der Welt nicht aus. Der Weg zum »Stall« oder zur Wohnhöhle von Betlehem spürt einem »Frieden auf Erden« nach, der der ganzen Welt verheißen ist und der keine Grenzen kennt. Im Rahmen meines Sabbaticals wanderte ich von den Jordanquellen bis zum Sinai an die Grenze Ägyptens. Den Advent begann ich mit einer christlichen Freundin und einem islamischen Pilgergefährten in den Bergen Samarias, wenige Tageswanderungen südlich von Nazaret. Palästinenser nennen den Weg »Abraham-Pfad« und christliche Pilger *Nativity Trail* – den Weg, der die junge Maria und Josef von Nazaret nach Betlehem führte. Unterwegs durch belebte Dörfer und laute Stadtmärkte färbten uns Land und Leute die bekannten Weihnachtsgeschichten ebenso eindrücklich ein wie die kühlen Sternennächte unterwegs von Galiläa und Judäa. Und wie die Geborgenheit in Betlehem für das junge Paar mit seinem neugeborenen Kind abrupt endete, ließ auch uns der Aufbruch Richtung Ägypten unterwegs durch immer rauere Wüsten betrachten, in welch herausfordernde Welt sich Gottes Sohn gewagt hat.

Gefährtinnen unterwegs durch den Advent

Schwestern der heiligen Klara, die im Schatten des Doms von Münster leben, kennen einen schlichten Weg, einen besinnlichen Faden durch einen oft bewegten Adventsalltag zu legen. An der Schwelle zur Vorbereitungszeit auf Weihnachten stellen die Schwestern die Krippe auf und jede wählt sich eine Figur aus, die sie ins eigene Zimmer mitnimmt. Die gewählte Gestalt – ob Esel oder Hirtin, Weiser oder werdende Mutter – begleitet die Schwester durch die folgenden vier Adventswochen. Sie lädt immer wieder zu kurzem Verweilen und zur Zwiesprache ein: Wie bist du damals durch jene Wochen gegangen? Was hat dich ermutigt, was hat dir zugesetzt? Welches waren deine Sorgen, und worin lag deine Sehnsucht? Und was trage ich selber heute mit durch diese Tage, an Hoffnung und an Last? Was erlebe ich selbst an Freuden und an Sorgen? Was wünsche ich mir und was meinen Liebsten? Am Heiligabend bringt jede Schwester ihre Figur zurück und fügt sie ins Krippenszenario ein. Dazu teilt sie etwas von dem mit, was zu zweit unterwegs nach Betlehem berührt hat oder zur Ermutigung geworden ist. Dabei verbinden sich das Damals und das Heute, biblische Personen mit eigenem Erleben, erfahrene Strapazen mit erfahrbarem Frieden – und eigenes Menschsein mit Gottes Menschenliebe.

Innehalten mit allen Sinnen

Nicht nur Schwestern der heiligen Klara von Assisi lassen sich von Bruder Franziskus inspirieren, der »Weihnachten inniger als alle Feste des Jahres« feierte.[1] Auch Papst Franziskus lädt dazu ein, sich mit der christlichen Tradition der Weihnachtskrippe in dieses tief berührende Ereignis der Heilsgeschichte zu vertiefen.

Am ersten Adventssonntag 2019 reiste der Bischof von Rom eigens ins Klösterchen von Greccio, wo Franziskus vor 800 Jahren mit einer sinnlichen Mitternachtsfeier in einer Höhle den Anstoß zur Tradition dörflicher Krippenspiele und der familiären Krippenkultur gab. Hier unterzeichnete der Papst ein *Motu proprio* über »das wunderbare Zeichen der Weihnachtskrippe« (Admirabile Signum).[2] Es ermutigt dazu, Krippen »am Arbeitsplatz, in Schulen, Krankenhäusern, Gefängnissen, an öffentlichen Plätzen« und ganz besonders »in unseren Familien aufzustellen« (Teil 1). Dies soll mit »kreativem Einfallsreichtum« geschehen, wie dies Franziskus »nach seiner Reise ins Heilige Land« (2) am »Ort der ersten Krippendarstellung« (3) tat. Der beherzten Einladung, auch heute mit kreativer Phantasie »Krippendarstellungen« zu schaffen und sich mit ihrer Hilfe ins Weihnachtsgeschehen zu vertiefen, lässt der Papst eine eingehende Betrachtung der Krippenszenerie und ihrer vertrauten Figuren wie auch weiterer Zugaben folgen: Sterne, Ruinen, Berge, Bäche, Schafe, Hirten, Engel, Grotte, Stall, Herodespalast, Könige oder Weise, Bettler, Musiker, Bäcker, Schmied, Wasserkrüge tragende Frauen, Josef, Mutter und Kind (Teile 4–9). Das Schreiben endet mit der Ermutigung, an vielen Orten und in vielen Formen »die Krippe von der Liebe Gottes« erzählen zu lassen und »in der Schule des heiligen Franziskus« mit offenem Herzen »aus dem Staunen« zum dankbaren Beten zu gelangen (Teil 10). Das vorliegende Buch kann auch dazu inspirieren.

Advent leitet sich vom Wort *advenire* (ankommen) her. Gottes *adventus* (Ankunft) auf Erden erlebte damals, wer sich selber auf den Weg machte: eine junge Frau, ihr Ehemann, Weise aus dem Morgenland, Hirtinnen und Hirten auf dem Feld. Wer sich nicht bewegte, verpasste das ebenso stille wie wundervolle Geschehen der Geburt Jesu: allen voran König Herodes und seine schriftgelehrten Berater, welche die Botschaft zwar hörten, sie aber nicht beherzigten und lieber ihre eigenen Interessen verfolgten.

Die folgenden Impulse führen schrittweise durch den Advent. In der ersten Woche knüpfen Meditationen am Weg an, den nach biblischem Bericht Maria hochschwanger und Josef als junger Ehemann von Nazaret nach Betlehem gegangen sind. In der zweiten Woche ermutigen die Weisen aus dem Morgenland dazu, der eigenen Sehnsucht zu trauen und die Zeichen der Zeit wach zu lesen. In der dritten Woche sind es Engel, die sich im biblischen Geschehen wiederholt auf den Weg machen, um Himmel und Erde zu verbinden. In der vierten Adventswoche schließlich nehmen uns Hirtinnen und Hirten mit auf den Weg: Auch wenn sie gemeinsam aufbrechen, tun sie es in den unterschiedlichsten Lebenslagen und Hoffnungen.

Biblische Hinführungen, Zwiegespräche und Betrachtungen laden ein, unterwegs durch den Advent täglich innezuhalten und sich von Gestalten der Weihnachtsgeschichte ansprechen zu lassen. Wege, die diese mit Leib und Seele gingen, können und möchten ein Ansporn sein, den Weg nach Betlehem in der eigenen Lebenswelt zu gehen und Weihnachten als Fest des Glaubens innerlich vorbereitet herzhaft zu feiern.

Dieses Buch ist meinen Eltern
und fünf Weggefährtinnen unterwegs
durch Israel gewidmet:

Von meinem Vater Gottfried unterstützt,
gestaltet meine Mutter Rosmarie
seit vier Jahrzehnten Krippen für Kirchen.
Sie sorgte mit zahllosen Kursen dafür,
dass auch junge Paare und Familien zu selber
gestalteten Krippen kamen,
die das Weihnachtsgeschehen ganz im Sinne von
Papst Franziskus
liebevoll veranschaulichen.

Steffi, Isam, Natascha, Pascal und Mariam
pilgerten mit mir in den Advents-
und Weihnachtstagen 2017
zu Fuß durchs Heilige Land.
Als christliche, islamische und
*suchende Gefährt*innen*
teilten wir auf den Spuren von Maria und Josef
in Nazaret, Jerusalem, Betlehem und unterwegs
unvergessliche Erfahrungen:
im Lesen der biblischen Geschichte
und mit Menschen, die sich heute
in Israel und Palästina
nach Frieden sehnen.

Erste Woche

Auf dem Weg mit einem jungen Paar

Sonntag
Josef: vom Leben träumen

»Als Josef siebzehn Jahre zählte, weidete er mit seinen Brüdern die Schafe und Ziegen.« Mit diesen Worten setzt die Josefgeschichte der hebräischen Bibel ein, die auch in den Koran Eingang fand (Sure 12) und die alle drei abrahamitischen Religionen verbindet. Es ist eine Nomadengeschichte, die in Israels Frühzeit zurückblendet (Genesis 37–50). Der elfte Enkel von Abraham und Sara hütet Kleinvieh und bindet Ähren zu Garben, und er erfährt die besondere Sorge und Liebe seines Vaters Jakob. Der junge Mann hat auch bewegende Träume. Diese bringen Dynamik in die Familie, denn sie strapazieren die ohnehin belastete Beziehung zu den älteren Brüdern zusätzlich. Als ihn der Vater von Hebron nach Norden sendet, um nach den Brüdern und ihren umherziehenden Herden in den Bergen Samarias zu schauen, nimmt Josef einen Weg von über 100 Kilometern unter die Füße. Er muss seine Brüder suchen und findet sie etwas südlich von Nazaret,[3] das damals nichts weiter als ein Quellgebiet mit frischem Wasser war.

Pilgernd unterwegs durch das Gebiet, in dem der erste Josef seine Brüder suchte und in dem Marias Josef heranwuchs, führte ich mit beiden biblischen Gestalten Gespräche. »Fünftes Evangelium« werden die Gebiete zwischen den Jordanquellen bei Cäsarea Philippi und den Steppen südlich von Betlehem genannt, weil die Landschaften mit ihrer Vegetation und orientalischen Kultur die Geschichten der geschriebenen vier Evangelien anschaulich machen.[4] Das folgende Gespräch mit dem jungen Arbeiter von Nazaret wurzelt in Notizen, die sein Dorf in mein Pilgertagebuch einfließen ließ.

Auch du dürftest etwa 17 Jahre alt sein, Josef, wie dein Namenspatron, als er in der Urzeit deines Volkes von seinem Vater in deine nähere Heimat geschickt wurde. Im selben Alter lässt dich die Kindheitsgeschichte Jesu ins Licht der Geschichte treten. Damals galten Söhne ab 16 und Töchter ab 14 als erwachsen. Meist erwartete euch schon bald die Verheiratung. Hochzeiten wurden zwischen Familien arrangiert, und es galt, keine Zeit zu verlieren. »Söhne aus den Jahren der Jugend« zählt die Bibel zum Glück eines Mannes (Psalm 127). Krankheiten, Unfälle und Konflikte bedrohten das Leben. Deine Generation erlebte auch Fremdherrschaft und Unruhen im Land. Mädchen wurden möglichst früh verheiratet, damit sie unverdorben in die Arme des Gatten kamen.

Wir wissen nichts Näheres über eure Familien und über die ersten Lebensjahre von dir und deiner Braut. Matthäus nennt deinen Vater Jakob, Lukas dagegen Eli. Du hast dich auf das eheliche Leben mit deiner Maria vorbereitet. Matthäus stellt euch als frisch Verheiratete vor, noch in der Zeit zwischen der offiziellen Heirat und dem Fest des Zusammenziehens. Eine Zeit voller Erwartung. Monate je eigener und gemeinsamer Träume! Noch gibt es kaum Zweisamkeit unter euch. Wo Gespräche und Begegnungen wenig Raum haben, werden Träume umso kraftvoller.

Wir alle kennen sie aus unseren jungen Jahren: Träume vom Leben! Ich erinnere mich, wie ich mir mit 16 mein Leben ausgemalt habe: Was soll aus mir werden? Wofür möchte ich meine Talente, Zeit und Kraft einsetzen? Was dürfen Gesellschaft und Welt von mir erhoffen? Wie stelle ich mir meine gemeinsame Zukunft vor? Weggemeinschaft mit einem Menschen, der mir vertraut wird und dem ich mich ganz anvertraue? Eine Gefährtenschaft, die durch Hoch und Tief trägt? Und wie wird sich diese fruchtbar zeigen? Werden wir Kinder haben? Wie viele und wie werden diese sein? Kann ich meinen Traumberuf ausüben und hat dieser Zukunft? Auch ich habe mir in jungen Jahren mein Leben erträumt! Manche Träume erfüllen sich, und andere werden von der Wirklichkeit überrascht. Was aus meinen Träumen geworden ist? Es erging mir wie dir: Das Leben nahm überraschende Wenden! Wir werden auf deine Träume noch zu sprechen kommen.

Mit »Tekton« beschreiben die Evangelisten deinen Beruf. »Zimmermann« ist eine reichlich germanische Übersetzung aus einer Zeit, da die meisten Mitteleuropäer rustikal in Häusern aus Holz lebten. »Bauhandwerker« oder »Baumeister« bedeutet das griechische Wort. In eurem Nazaret bestanden die Häuser aus Fels und Stein. Die meisten Familien lebten in erweiterten Wohnhöhlen, die Menschen und ihrem Kleinvieh Schutz boten. Dank großer Wasserzisternen und eingekellerter Lebensmittel war in diesen Höhlen auch für Hitzeperioden vorgesorgt. Wenn es etwas zu bauen gab, dann handelte es sich um Erweiterungen mit mannshohen Mauern

und Vordächern. Deine Wohnhöhle wird in Nazaret seit frühchristlicher Zeit einen Steinwurf von jener Marias entfernt gezeigt. Unter der Josefskirche ist der ausgegrabene Höhlenkomplex einer Sippe anzuschauen, samt kühlen Zisternen und Lagerraum. Zwischen deiner Wohnwelt und jener Marias liegen weitere Wohnhöhlen, die unverändert und original erhalten sind.
Nazaret war zu deiner Zeit ein kleines Hügeldorf. Auf 120 Seelen schätzen unsere Gelehrten seine damalige Bevölkerung.[5] Als Bauhandwerker dürftest du Arbeit im nahen Sepphoris gefunden haben, dem heutigen Zippori, das acht Kilometer nördlich von Nazaret liegt. Anderthalb Wegstunden hattest du in der Frühe und auf dem Rückweg abends durch die fruchtbare Landschaft Galiläas zu gehen. König Herodes der Große eroberte die ummauerte Stadt, als du noch ein Knabe warst, und ließ sie nach den Kriegswirren wiederaufbauen. Jahre später wirst du mit deinem Sohn Jesus dorthin ziehen, um ihn in dein Handwerk einzuführen. Zu bauen gab es da viel, nachdem Publius Quintilius Varus, der römische Statthalter von Syrien, Sepphoris zerstört hatte und der neue Herrscher Herodes Antipas die Stadt zum glanzvollen Zentrum seines Reiches ausbauen ließ.

Sepphoris
dein Arbeitsort
junger Baufachmann Josef
Kommst abends müde zurück:
verlobt

Mein Pilgertagebuch verzeichnet unter Nazaret dieses Kurzgedicht, ein »Elfchen«[6]. Es verbindet sich mit einem jungen Arbeiter, der sein Leben träumt und der seine Träume leben will – zusammen mit seiner Liebsten, die seine Hoffnung beflügelt. Wie habe ich mir das Leben in jungen Jahren erträumt? Was ist aus meinen Träumen geworden? Wozu haben sie mich ermutigt? Mit welchen Gefühlen schaue ich auf den Weg seither? Was erwarte ich von meinem Leben heute und was erhoffe ich mir für die Zukunft?

Montag
Maria: offen in die Zukunft

Wie Josef hat auch Maria ein großes Vorbild in Israels früher Geschichte. Hörte er aufmerksamer hin, wenn die Josefgeschichte aus dem ersten Buch der Bibel vorgelesen wurde, dürfte Maria aufgehorcht haben, wenn bei den Lesungen in der Synagoge ihr Name fiel. Aramäisch von ihren Eltern Marjam gerufen, lautete ihr Name hebräisch Mirjam. Die Dormitio-Abtei in Jerusalem stellt Mirjam, die Schwester von Aaron und Mose, als Vorgängerin von Jesu Mutter in einem Mosaik kraftvoll dar: mit offenem Blick und flatternden Haaren das Tamburin in der Hand schlagend. Der Prophet Micha würdigt sie als eine der drei Gestalten, die Israel im Auftrag Gottes aus Ägypten herausführten (Micha 6,4). Sieben Mal wird Mirjam in der hebräischen Bibel namentlich genannt. Das Mirjamlied, das die prophetisch Begabte nach dem Durchzug durch das Schilfmeer sang, ist einer der ältesten Texte Israels (Exodus 15,20–21): ein Lied auf Gott, der Bedrängten beisteht, respektlose Herrscher zu Fall bringt und Menschen in die Freiheit führt. Ähnliches wird der Evangelist auch die junge Maria von Nazaret singen lassen!

Doch noch ahnt die Tochter einer Sippe in Nazaret nichts von der überraschenden Wende, die ihr junges Leben erfahren wird. Frisch verheiratet und noch in der Obhut der eigenen Eltern, dürfte sie gut 14-jährig sein. Die Hochzeit mit dem Bauhandwerker Josef ist wohl nicht gegen ihren Willen arrangiert worden. Es bleiben ihr letzte Monate in der eigenen Familie, vielleicht geborgen und dankbar, vielleicht in ungeduldiger Erwartung. Frühchristliche Traditionen sind sich nicht einig: Nach der einen wuchs Maria in Nazaret auf, nach der anderen in Jerusalem, wo noch heute die Annakirche unweit des Tempelbergs und des Löwentors an ihre Kindheit erinnern will.[7] Die »Jerusalemer Tradition« macht den Weg der jungen Maria zu ihrer Verwandten Elisabet plausibel. Die Eltern des Täufers werden im Bergland von Juda, seit frühchristlicher Zeit in einem Tal wenige Meilen nördlich von Jerusalem, angesiedelt.[8] Von Nazaret aus hätte eine Vierzehnjährige kaum 120 km nach Süden wandern dürfen (Lukas 1,39–56). Doch wie für die ganzen Kindheitsevangelien gilt auch da, dass die Erzählungen primär eine theologische Botschaft vermitteln und nicht reale Wege nachzeichnen wollen. Auch die jung verheiratete Maria bietet sich für ein erstes Gespräch an.

Du schaust auf die Heirat mit Josef zurück und auf euer gemeinsames Leben voraus. In diesem Zwischenjahr triffst du deinen zukünftigen Lebenspartner noch nicht zweisam, sondern unterwegs im Dorf und im Haus deiner Eltern. Meine eigenen Eltern haben auf diese Art ihre Verlobungszeit erlebt. Im Unterschied zu ihnen galtet ihr rechtlich bereits als verheiratet. Du konntest Josef sehen, wenn du morgens zum Brunnen gingst und er auf dem Weg zur Arbeit war. Den Gottesdienst in der Synagoge erlebtet ihr getrennt mit: er unter den Männern von Nazaret und du mit den anderen Frauen hinter einer Trennwand, die Blickkontakte verhinderte. Wenn Männer beteten, das Wort der Heiligen Schrift hörten und es gemeinsam deuteten, sollten sie sich nicht vom schönen Geschlecht ablenken lassen. Orthodoxe Synagogen und islamische Moscheen trennen die Geschlechter im Gottesdienst deswegen bis heute. Ihr Frauen wart aus dem gemeinsamen Deuten der Schrift ausgeschlossen und musstet euch mit dem Zuhören begnügen. Eure Gesellschaft war durch und durch patriarchal, und so war auch die Religion. – Nicht aber der Ewige selbst, der immer wieder überraschend in die Geschichte von uns Menschen tritt!

Ein Bote Gottes sucht eines Tages den Weg zu dir. Lukas spricht vom Engel Gabriel, den Gott nach Galiläa sandte und der in dein Haus trat (Lukas 1,26–38). Jahwe, der befreiende Gott des Bundes, der Israel immer wieder neu aufrichtete und auf den Weg brachte, wird einmal mehr initiativ! Euer Volk war über den Mittelmeerraum verstreut. Die im Land verbliebenen zwei Stämme schmachteten unter einem herrschsüchtigen König von Roms Gnaden und wurden vom römischen Statthalter in Syrien kontrolliert. Später werden dir jüdische Glaubensgenossen andichten, ein römischer Legionär sei über dich hergefallen und hätte dich geschwängert. So böswillig solche Unterstellungen sind, sie spiegeln reale Gefahren aus deiner Jugendzeit. In Galiläa ist die Hoffnung auf das Kommen des Messias besonders stark. Immer wieder mal tritt eine Gestalt auf, die von sich sagt, sie sei der Gottgesandte, der Israel neu eint und aufrichtet.

Lukas schildert uns, wie Gott sich entschließt, nach vielen Propheten nun selbst in die Geschichte der

Welt einzutreten: in seinem Sohn. Und dafür hätte er dich erwählt! Eine junge Frau in einem unbedeutenden Dorf, dessen Name nirgends in der hebräischen Bibel aufscheint. Eine überraschende Initiative, die wider alle menschliche Erwartung vorgeht! Ich freue mich darauf, von dir selbst einmal am Ziel aller Wege zu hören, wie sie wirklich waren: deine Erfahrungen mit dem Himmel, der die Erde findet, mit Gott, der in einem Sohn Mensch werden will, und mit dem Ewigen, der einzigartig in dein Leben tritt. Der Evangelist beschreibt deine Begegnung mit dem Engel Gabriel 80 Jahre später und befrachtet euer Gespräch mit Theologie. Was mich an dieser Schilderung menschlich berührt: Du wirst als junge Frau vorgestellt, die Gottes ganze Zuwendung und Liebe findet. Der Gott des Bundes verbindet sich mit dir ganz persönlich und möchte dich für sein Vorhaben gewinnen: Du sollst Mutter seines Sohnes werden! Du erschrickst! Wer kann es dir verdenken? Auch die größten Propheten Israels erschraken, als Gott sie überraschend erwählte. Der Engel täuscht sich nicht: Du erweist dich voll der Geisteskraft! Auf die Zuwendung Gottes, der über die Welt wacht, antwortet das Göttliche, das tief in jedem Menschen wohnt.

Nazaret
Herkunft – Zukunft
Marias Zeit dazwischen
öffnet sich für Gott:
Mutterschaft

Modernen Menschen ist »Planungssicherheit« lieb geworden. Wirtschaft und Privatleben bauen darauf, der eigene Kalender ebenso wie Finanzpläne, und selbst Partnership-Plattformen versprechen aufgrund der eingegebenen Daten passende Paare zu bilden, die dank Algorithmen das Glück ihres Lebens finden. Maria von Nazaret steht nicht für programmiertes Leben und selbst gezimmertes Glück. Sie ermutigt zu wacher Offenheit: offen auch für Unerwartetes, offen für den Himmel, der die Erde findet, und offen für das göttliche Du, das in ihr Leben tritt.

Dienstag
Josef: erschrecken und staunen

Auch Josef erschrickt Wochen später, als Maria das Kind in ihrem Leib spüren kann und er die Schocknachricht erfährt: Seine junge Frau ist schwanger – und nicht von ihm! Was das Zwischenjahr zwischen Hochzeit und Zusammenziehen erweisen soll, die Unberührtheit der Braut zur Zeit der Trauung, weicht der Ernüchterung. Diese ist umso härter, je herzhafter Josef seine Frau liebte. Wurde sie kunstvoll oder ruchlos verführt? War sie Opfer oder hat sie ihn aktiv hintergangen? Wer im kleinen Dorf ist der Täter? Liebt Maria bereits einen anderen?

Hundert Fragen gehen einem derart überraschten und erschütterten Mann durch den Kopf – und viele Gefühle jagen einander. Fassungslose Enttäuschung mischt sich mit Trauer, Wut und Selbstzweifel. Eine hoffnungsvolle Beziehung gleicht einem wertvollen Gefäß, das die gemeinsame Zukunft in sich trug und nun in die Brüche geht. Alles gemeinsam Erhoffte und Erträumte liegt plötzlich in Scherben!

Ob Josef in schlaflosen Nächten an seinen Namenspatron denkt? Auch der jüngste Sohn Jakobs war hoffnungsvoll unterwegs, wie er zu seinen Brüdern gelangte und sich unverhofft im Dunkel einer Zisterne wiederfand. Wie der Bauhandwerker von Nazaret 17-jährig, erfuhr das Leben des jungen Mannes eine herbe Enttäuschung und eine weit dramatischere Wende. Er wurde von seinen Brüdern mit dem Tod bedroht, verraten und nach Ägypten verkauft. Dort sollte seine Sippe viele Jahre später in einer Hungerkatastrophe Zuflucht suchen – und Josef unerwartet zum Werkzeug Gottes werden, der Israel den Weg in die Zukunft öffnete. In beiden Josefgeschichten erweist sich Schockierendes als Chance für Gott und Menschen. Beide Geschichten führen unerwartet nach Ägypten, wo sowohl die Geschichte des Alten wie des Neuen Bundes beginnt. Und in beiden Josefs handelt und spricht Gott durch Träume.

Wohnhöhle
schlafarme Nacht
Josef ringt enttäuscht
Träume retten seine Liebe
Gottesstimme

Während Josef in Nazaret noch haderte, »erschien ihm ein Engel Gottes im Traum und sagte: ›Josef, Sohn Davids, zögere nicht, mit Maria als deiner Frau zusammenzuziehen; denn das Kind, das sie erwartet, ist vom Heiligen Geist. Sie wird einen Sohn zur Welt bringen. Gib ihm den Namen Jesus, denn er wird sein Volk aus seinen Verstrickungen befreien.‹ … Josef erwachte und tat, was der Engel Gottes ihm aufgetragen hatte: Er nahm seine Gattin zu sich« (Matthäus 1,20–24).

Josef, vermute ich richtig, dass der Evangelist deine Krise etwas gar schnell gelöst sieht? Ich stelle mir vor, dass es einige innere Schritte brauchte, bis sich deine Fragen und dein Gefühlswirrwarr lösten. Klarheit wird meist nicht über Nacht, und Neuorientierung noch weniger. Matthäus ist sich jedoch sicher, dass dir dein Glaube und deine Gottesbeziehung wieder Boden unter die Füße gaben. Dein Eigenname selbst ist – wie viele hebräische Namen – ein Glaubensbekenntnis. Seine beiden Silben bedeuten deutsch »Gott wird hinzufügen«. Als Sohn Israels siehst du deinen Gott nicht distanziert, sondern engagiert. Menschliche Geschichten dürfen und sollen mit Gott rechnen: einem Gott, der sich in das Weltgeschehen einbringt, der sich einmischt und für Überraschungen sorgen kann.

Die Geschichte deines Namenspatrons macht deutlich, wie unerwartet und groß solche Überraschungen sein können. Die Lebenswende des jungen Nomadensohns hat durch seine Verschleppung nach Ägypten die Tür zu einer ganz neuen Etappe in Israels Geschichte geöffnet. »Gott wird hinzufügen« – sagt dein Name. Der Engel sagt dir im Traum, dass das auch für das Kind selbst gilt, das Maria in ihrem Leib trägt: weil Gott selbst sich ganz neu als Ich-bin-da erweisen und mit Israel in eine neue Zeit aufbrechen will. Dein Name ist ein Credo zu diesem nahen, engagierten, sich einbringenden Gott.

Dein ganzer Name erweitert dieses Credo: Josef ben Eli, Sohn des Eli, nennt dich der Evangelist Lukas (3,23). Das erinnert an Samuel, den ersten großen Propheten, der vom Priester Eli im Heiligtum auf seine Sendung vorbereitet wurde. Der Junge vernimmt die Stimme Gottes nachts drei Mal und meint seinen Lehrer zu hören. Eli erkennt, dass Gott selbst handelt und zum Knaben spricht (1 Samuel 3,1–21). Wie viele Schritte auch immer du machen musstest: Du hast mit himmlischer Hilfe im Innersten erkannt, dass Gott diesmal durch eine junge Frau in unsere irdische Geschichte eingreift, eine dir bekannte Frau, deine Liebste. Und sie ist durch dein Erkennen auch deine Liebste geblieben.

Josef von Nazaret teilt mit dem zweitjüngsten Sohn des Stammvaters Jakob weit mehr als den Namen: Er teilt mit ihm den Glauben an einen Gott, der sich engagiert, sich ins Weltgeschehen einbringt und überraschend ins Leben von Menschen tritt. Er teilt mit Jakob die Wachheit für Träume und ihre Botschaften. Auch sie sind ein Weg, wie Gott zu Menschen spricht. Gibt es wegweisende Träume in meinem Leben? Wo glaube ich zu erkennen, dass Gott sich auf leise Art in unser Weltgeschehen einbringt? Welche prophetischen Menschen sehe ich heute für eine gute Zukunft der Welt einstehen? Für eine Welt, die Gottes Leidenschaft für ein erfüllendes Leben aller in Freiheit gefällt?

Mittwoch
Maria: Berufung leben

Nicht nur Josef wird vom Engel im Traum an die Geschichte Israels erinnert, in der sich Gott engagiert und Propheten sein Handeln deuten. Gabriel lässt im Gespräch mit Maria die Heilsgeschichte anklingen. Indem er auf die Verwandte Elisabet hinweist, die »in ihrem Alter noch einen Sohn empfangen hat, obwohl sie als unfruchtbar galt« (Lukas 1,36), schlägt der Gottesbote eine Brücke in Israels vorkönigliche Frühzeit. Erneut geht es um Samuel, mit dem die Zeit der großen Propheten beginnt, genauer gesagt um seine Eltern, und auch diesmal tritt der Priester Eli in Aktion. Elkana, der Vater des künftigen Propheten, ist mit zwei Frauen verheiratet. (Auch Polygamie hat Platz in Gottes Heilsgeschichte! Die zwölf Stammväter zeugt Jakob gar mit vier Frauen, seinen beiden Ehefrauen Lea und Rahel und deren Dienerinnen Bilha und Silpa). Elkanas zweite Frau bleibt viele Jahre kinderlos und erfährt dafür Verachtung. Ihr Gatte jedoch »liebt Hanna, obwohl der Ewige ihren Schoß verschlossen hatte«. Bei einer der jährlichen Wallfahrten zum Heiligtum von Schilo hört der Priester Eli die verzweifelte Ehefrau zu Gott flehen: »Wenn du das Elend deiner Magd wirklich ansiehst … und deiner Magd einen männlichen Nachkommen schenkst, dann will ich ihn für sein ganzes Leben dir überlassen.« Eli sagt ihr nach einem bewegenden Gespräch zu, dass »der Gott Israels dir die Bitte erfüllt«. »Hanna ging weg, aß wieder und hatte kein trauriges Gesicht mehr. Am nächsten Morgen stand die Familie früh auf und betete den Herrn an. Dann machte sie sich auf den Heimweg und kehrte in ihr Haus nach Rama zurück. Elkana schlief mit seiner Frau Hanna und Gott dachte an sie, so dass sie schwanger wurde« (1 Samuel 1,1–20).

Jahwe verhilft Hanna dazu, ihre Berufung zu leben. Die glückliche Mutter löst ihr Versprechen ein und gibt ihren Sohn ganz in den Dienst Gottes. Nicht von ungefähr hat die frühchristliche Gemeinde Marias Mutter den Namen Anna gegeben. Eine unerwartete Schwangerschaft, die sich Gott verdankt, macht in Maria die »Magd Gottes« selbst zu einer neuen Prophetin, die alle Gottesboten Israels übertrifft, indem sie Gottes Sohn auf die Welt bringt. Lukas lässt Maria jene Elisabet besuchen, die in hohem Alter unerwartet schwanger ist und Johannes zur Welt bringen wird, den letzten Propheten und Vorläufer von Jesus. Das Gotteslob des Magnificat, das Maria bei Elisabet in Ain Karim singt, ist dem »Danklied der Hanna« nachgebildet, die den Befreier ihres Lebens preist: »Die Freude über Gott erfüllt mein Herz! Der Ewige stärkt mich mit seiner Kraft ... Satte rackern besorgt für Brot und Hungrige ruhen sich glücklich aus ... Gott macht arm und macht reich, er erdet und erhöht! Verachtete erhebt er aus dem Staub und Arme befreit er aus dem Schmutz. Ehrenplätze teilt er ihnen zu... Die Schritte seiner Getreuen begleitet er sorgsam ..., denn Menschen sind nicht stark aus ihrer eigenen Kraft« (1 Samuel 2,1–11). Überströmendes Glück, wie es auch in Hannas Loblied fließt, lässt Lukas im Mund der jungen Maria so singen:

»Meine Seele preist Gott in seiner Größe
und mein Geist jubelt über seine befreiende Nähe.
So gering seine Dienerin auch ist,
er hat auf sie geschaut:
Menschen aller Generationen werden mich künftig
glücklich preisen!
Denn Gottes Macht hat mir Großes erwiesen
und sein Name ist heilig.
Gottes Zuwendung verschenkt sich
von Geschlecht zu Geschlecht
an alle, die ihm mit Ehrfurcht begegnen.
Seine Tatkraft vollbringt Machtvolles.
Er treibt auseinander, wer sich über andere erhebt.
Seine Macht bringt Machthaber zu Fall
und richtete Erniedrigte auf.
Hungernden füllt er die Hände
und Reiche lässt er leer ausgehen.
Sorgsam nimmt er sich seines Sohnes Israel an
und denkt an die beherzte Zuwendung,
die er unseren Vorfahren zugesprochen hat,
Abraham, Sara und ihren Nachkommen für immer«
(Lukas 1,47–55).

Alle Generationen preisen dich selig, Maria! Was Lukas dir in diesem Lied in den Mund legt, bewahrheitet sich seit 2000 Jahren christlicher Geschichte. Wir Brüder singen »dein Lied« täglich im Abendgebet. Das geschieht weltweit in allen Klöstern und überall da, wo auch Singles und Familien eine Form des Vespergebetes feiern. »Magnificat« heißt sinnigerweise eine Version des handlichen Gebetbuches, das

monatlich erscheint und viele Menschen durch ihren Alltag begleitet.
Es ist müßig zu fragen, ob du tatsächlich als junge Frau so sprechen konntest. Die Geschichte Israels führte dir starke Frauen wie die Prophetinnen Mirjam und Debora, wie die Stammmütter Lea und Rahel, wie die politisch raffinierten Frauen Judit und Ester, wie Davids Großmutter Rut, aber auch eine Hanna vor Augen: Frauen, die je auf ihre Weise beherzt mit Gott zusammenwirkten. Von den Biografien der Propheten wusstest du, dass Jahwe oft ungewöhnliche Wege geht, um Israel aus Verstrickungen zu lösen und neu auf den Weg zu bringen. Amos, den ersten Schriftpropheten, berief Jahwe vom Pflug weg. Immer wieder verdeutlichen die alten Prophetinnen und Propheten: Gott ergreift Partei! Nicht für die Mächtigen und Privilegierten, sondern für die Kleinen und Gefährdeten, nicht für Reiche, sondern für Arme, nicht für Selbstgerechte, sondern für Einsichtige.
Dein Sohn wird diese Botschaft bestätigen: Verachtete und Fremde kommen an seine Wiege, und nicht die Priester und der König Israels, sondern Verlorene und Suchende finden in seine frohe Gemeinschaft. Nicht mit den Hohepriestern in Jerusalem oder den »Reinen« in Qumran, mit Dirnen und Zöllnern sitzt er zu Tisch, und nicht Machtpolitiker, sondern Friedfertige nennt er Gottes Söhne und Töchter. Arme und Hungernde erfahren Gottes Zuwendung als Erste und Gewaltlose »werden das Land erben« (Matthäus 5,3–12). Wenn der Präsident einer Supermacht friedlich Demonstrierende mit Tränengas vertreiben lässt, um sich mit der Bibel in der Hand vor einer Kirche ablichten zu lassen,

tritt er das Evangelium, dein Lied, Maria, und die Botschaft deines Sohnes mit Füßen.
Dein Magnificat rückt dich auch an die Seite deiner Namenspatronin Mirjam, die das Lied der Befreiung aus Ägypten singt. Das alles erinnert mich an ein Wort, das mein dominikanischer Lehrer Johannes B. Brantschen öfter wiederholte: »Was Menschen aufrichtet und befreit, was sie verbindet und zum Einsatz ihrer Talente ermutigt, darf sich auf den Gott Israels und den Abba Jesu berufen! Was das Gegenteil bewirkt, was Menschen kleinmacht und lähmt, was trennt und entmutigt, darf es nicht.« Und er fügte bisweilen hinzu: »Dieses Kriterium gilt auch für unsere Kirche, ihre Lehre und ihr Tun.«

Donnerstag
Josef: gerecht und liebend

Über die Reaktion auf die unerwartete Schwangerschaft Marias schreibt der Evangelist: »Josef, ihr Mann, der gerecht war und sie nicht bloßstellen wollte, beschloss, sich in aller Stille von ihr zu trennen. Während er noch darüber nachdachte, erschien ihm ein Engel Gottes im Traum« (Matthäus 1,19–20). Gerechte werden in der Geschichte Israels Menschen genannt, die den Bund Gottes ernst nehmen und nach seinen Weisungen leben. Josefs Verhalten macht deutlich, dass »Gerechtigkeit« im Spiegel der biblischen Gebote sehr unterschiedlich gedeutet werden kann.

Matthäus spricht von Josef als Marias Mann. Bereits rechtmäßig verheiratet, könnte Josef seine junge Frau des Ehebruchs bezichtigen. Jesu Konflikt mit Schriftgelehrten, die eine Ehebrecherin vorführen, auf das mosaische Gesetz verweisen und im Namen Gottes ihre Steinigung fordern, verdeutlicht, dass selbst scheinbar heiligste Ordnungen zu Mord und Totschlag führen können – und Unrecht legitimieren. Hätte Josef ähnlich blind reagiert und seine verletzten Rechte als Ehemann über alles gestellt, hätte er seine Liebste anklagen können, womit ihr nach der Geburt des Kindes die Steinigung gedroht hätte. Doch Josefs Gerechtigkeit verfolgt nicht Eigeninteressen und fordert nicht die eigenen Rechte ein, sondern ist gewillt, Maria freizugeben. Indem er sich zur Entscheidung durchringt, »sich in aller Stille von ihr zu trennen«, will er seiner Liebsten die Möglichkeit gegeben, mit jenem anderen Partner auf den Weg zu gehen, der der Vater des unerwarteten Kindes ist.

Damit weist sein Verhalten auf jene Begegnung zwischen Jesus, der Ehebrecherin und den Schriftgelehrten voraus. »In Stein gemeißelt, vom Winde verweht«, schreibt Nadia Rudolf von Rohr in einer Betrachtung zu diesem Bibeltext.[9] Immer wieder begegnet Jesus Frommen, die mit Berufung auf die »göttlichen Gesetze« erbarmungslose Forderungen stellen oder selber unbarmherzig handeln. Mit der Aussage, »Mose hat uns im Gesetz vorgeschrieben, solche Frauen zu steinigen«, fordern Schriftgelehrte und Pharisäer Jesus im Fall der »auf frischer Tat ertappten Ehebrecherin« heraus.

Die Szene ist bezeichnend: Wenn ein Ehebruch in flagranti auffliegt, wird der beteiligte Mann mit erwischt, der hier jedoch seinem Schicksal entfliehen darf. Die Aggression der religiösen Gesetzeskenner richtet sich gegen die Frau – und gegen Jesus, den sie damit »auf die Probe stellen, um einen Grund zu haben, ihn zu verklagen«. Was in den Augen der Selbstgerechten in Stein gemeißelt scheint, weil es sich auf Mose und damit letztlich auf Jahwes Willen berufen kann, wird durch Jesu Tun als sandig revidiert: »Jesus aber kauerte sich zur Erde und schrieb mit dem Finger in den Sand. Als sie ihn hartnäckig um seine Meinung fragten, richtete er sich auf und erwiderte ihnen: ›Wer von euch nie Unrecht tut, werfe als Erster einen Stein auf sie!‹ Und er beugte sich wieder und schrieb weiter auf die Erde. Als sie seine Aufforderung verstanden, verzog sich einer nach dem andern, die Ältesten als Erste«. Die an Leib und Leben gefährdete Frau bleibt allein zurück. Johannes sagt, dass sie »in der Mitte stand«. Die geknickte Person steht für Gottes Sohn in der Mitte, während ihre Gefährder als Ertappte abtreten. Jesus wendet sich ihr zu: »›Frau, wo sind sie? Hat dich keiner gerichtet?‹ – Sie antwortete: ›Keiner, Rabbi.‹ Da sagte Jesus zu ihr: ›Auch ich verurteile dich nicht! Geh deinen Weg und vermeide es künftig, Unrecht zu tun!‹« (Johannes 8,1–11).

Gottes Menschenliebe ist nicht ungerecht, doch sie ist größer als eine engherzige Gerechtigkeit, die mit menschlichem Maß misst. Jesu Verhalten verdeutlicht, was wie ein Notenschlüssel vor dem mosaischen Dekalog steht: Die Weisungen Gottes stehen im Zeichen der Befreiung aus Knechtschaft und Unterdrückung, aus der Not und Ohnmacht in Ägypten, und sie wollen Israel zu einem glücklichen Leben und gelingenden Zusammenspiel im Land der Freiheit verhelfen. Die gestrauchelte Frau des Evangeliums wird aufgerichtet. Jesus ermutigt sie, ihr Leben neu in die Hand zu nehmen, und er eröffnet ihr Zukunft. Dasselbe geschieht in der Begegnung des Rabbi mit einer Frau am Jakobsbrunnen in Samaria (Johannes 4,1–26).

Dein Verhalten, Josef, angesichts des vermuteten Ehebruchs deiner jungen Frau sagt vieles über dich: Dein Sinn für das »Gerechte« hat nichts mit der kalten Gerechtigkeit der Pharisäer gemein. Jene glaubten, das Volk Israel mit Gesetzestreue und der Verpflichtung auf zahllose alltägliche Gebote gottgefälliger zu machen. Dabei verengte sich ihr Blick, ihr Denken und ihr Herz. Sie verkannten, dass es Gott in seinem Bund mit Israel um ein Leben in Frei-

heit ging, um aufrechte Menschen und um ein Miteinander, in dem auch sozial Schwache und Fremde aufatmen können. »Der lebendige Mensch ist Gottes Ruhm« und seine größte Freude, wird Irenäus von Lyon diese Erkenntnis auf den Punkt bringen.[10]
Dein Verhalten, Josef, will befreien und aufrichten: Du gibst Maria frei, willst sie weder bloßstellen noch Risiken aussetzen. Du öffnest ihr selbstlos einen Weg in ihre eigene Zukunft, für die du sie ihrem Herzen folgen lässt. Wie gut, dass dir ein Engel im Traum erscheint! Wie schön, dass du erkennen kannst, dass kein anderer Mann Marias Herz gewonnen hat. Wie bewegend, dass Gott selbst es ist, der derart ungewöhnlich in euer beider Geschichte tritt. Das vermeintliche Drama nimmt eine überraschende Wende: Sie bedeutet für dich und für Maria nicht Trennung, sondern die ersehnte Gemeinschaft. Sie bedeutet, dass ihr als Paar ganz zusammenfindet und Gott gemeinsam die Hand bietet. Sie bringt es mit sich, dass du und deine Liebste Gottes Menschwerden gemeinsam erlebt, ermöglicht und begleitet.

Matthäus nennt Josef gerecht.[11] Seine Gerechtigkeit erweist sich als zutiefst liebend! Sie folgt nicht einfach Gesetzen, seien sie noch so bewährt und heilig, sondern der Stimme des Herzens. Der junge Ehemann »nimmt Maria zu sich« und lernt auf dem weiteren Weg, Selbstliebe, Partnerliebe und Gottesliebe im Innersten zu verbinden: auf sein eigenes Herz hörend, auf das Wohlergehen der ihm Lieben bedacht und Gott selber Hand bietend, damit dessen Liebe Menschen ganz menschlich in die Augen schauen kann. Jesus wird später diesen Dreiklang der Liebe als Kern und Erfüllung des Gesetzes bezeichnen: Gottes Liebe mit Leib und Seele zu erwidern und Mitmenschen ebenso zu lieben wie sich selbst (Markus 12,28–34).

Advent kann als Zeit der Besinnung auf dem Weg zum Fest der Liebe überraschende Fragen stellen: Wie geht es meiner Selbstliebe? Findet sie, was sie sich für Leib und Seele wünscht? Welche Menschen in meinem Umfeld warten auf eine befreiende Geste oder ein ermutigendes Wort? Wo kann ich wie Josef Gottes leise Stimme hören, die oft so unaufdringlich spricht: in einem Traum, in Begegnungen, in Zeichen der Zeit, in meinem Innersten?

Freitag
Maria und Josef: gemeinsam glauben

Maria und Josef ziehen zusammen. Das Paar wird sich alltäglich vertraut und gestaltet seine junge Ehe gemeinsam. Josef, der Baufachmann, wird dafür eine gemeinsame Wohnhöhle bereitet und voller Glück eingerichtet haben. Sie dürfte Platz für eine große Familie bieten. Matthäus schreibt dazu: »Josef nahm seine Frau zu sich. Er erkannte sie aber nicht, bis sie ihren Sohn gebar« (1,24–25). Später nennt er Geschwister Jesu, vier Brüder namentlich und mehrere Schwestern kollektiv. Als Jesus erstmals als Wanderprediger in Nazarets Synagoge auftritt, »staunte die Gemeinde und Beeindruckte sagten: ›Woher hat er diese Weisheit und die Kraft zu seinen machtvollen Taten? Ist das nicht der Sohn des Baufachmanns? Wir kennen doch seine Mutter Maria und Jakobus, Josef, Simon und Judas, seine Brüder! Leben nicht auch alle seine Schwestern unter uns? Woher hat er seine Gaben?‹« (Matthäus 13,54–56). Markus fügt das Detail hinzu, dass auch Jesus wie sein Vater *tekton*, also Baufachmann, geworden war und als solcher gearbeitet hatte (Markus 6,3).

Die Familiengeschichte beginnt wie jede andere zunächst zweisam – mit einem Paar, das gemeinsam auf den Weg geht und seinen Alltag miteinander gestaltet. Aus Ehrfurcht vor dem Kind, das unterwegs ist, verzichtet Josef zunächst, mit Maria intim zu werden: »sie zu erkennen«, wie die Sprache der Bibel es nennt. Dass dies nach der Geburt Jesu anders wird, legen die Evangelien nahe, die ganz natürlich von der ansehnlichen Geschwisterschar sprechen. Die Rede von Marias »immerwährender Jungfräulichkeit vor, in und nach der Geburt Jesu« versteigt sich in zweifachem Sinn zu unbiblischen Projektionen:[12] Sie verlängert bis an Marias Lebensende, was Matthäus deutlich auf die ersten Monate ihrer Ehe bezieht, und sie verschiebt den Akzent von einer seelischen Haltung auf eine biologische Realität.

Anselm Grün und Andrea Schwarz haben in ihrem Buch über die evangelischen Räte klargestellt, worum es spirituell motivierter Jungfräulichkeit in jeder Lebensform, ob ehelos oder partnerschaftlich, im Tiefsten geht: Bei Jungfräulichkeit denken viele »an asexuelle Frauen, an alte Jungfern, die nicht in Berührung sind mit ihrer Sexualität«. Vom Wortsinn her bedeute Jungfräulichkeit jedoch »die Frische und Schönheit es reifenden Mädchens« und spielt positiv auf »Jugendlichkeit und blühendes Leben« an. Etymologisch stamme *virgo* (Jungfrau) »von *vireo* oder *viresco* = grün werden, aufblühen, stark werden«. *Virgo* hat etwas zu tun mit »rein, ... frisch, neu«.[13] Diesen Zeilen folgt ein Gedicht von Andrea Schwarz, das mich aus meinem eigenen Erleben und mit weiblichen Gottesnamen des hl. Franz von Assisi zu folgendem Gebet inspiriert hat:

Meine Liebe
bist du
meine Zärtlichkeit
und meine Kraft

Mein Licht
bist du
meine Freude
und mein Glück

Mein Traum
bist du
mein Leben
und mein Mut

Meine Quelle
bis du
mein Fluss
und mein Meer

du belebst
erfrischst
und trägst mich

du schenkst dich mir
erfüllst
und verwandelst mich

aus dir
mein Gott
lebe ich

Folgen wir den Kindheitsgeschichten der Evangelien mit all den Strapazen, die Maria und Josef in den ersten Monaten und Jahren ihres Ehelebens gemeinsam bewältigen, dürfen wir glauben, dass die kraftvolle Ausrichtung auf den Gott des Lebens, die »jungfräuliche Menschen« auszeichnet, für sie beide gilt: in einer Partnerschaft, die ihre Fruchtbarkeit reichlich zeigt und zu einer vielköpfigen Familie wird.

Samstag
Junges Paar: mutig unterwegs

Nach den Kindheitsevangelien zwang die politische Situation das junge Paar auf den Weg: »In jenen Tagen erließ Kaiser Augustus den Befehl, alle Bewohner des Reiches in Steuerlisten einzutragen.« Diese Erfassung soll in Palästina unter dem syrischen Statthalter Quirinius erfolgt sein. »Da ging jeder in seine Heimatstadt, um sich registrieren zu lassen« (Lukas 2,1–2). Historisch wirft diese Erzählung einige Fragen auf, die wir der Bibelforschung überlassen können. Lukas geht es hier um Grundlegenderes als eine geschichtliche Recherche. Damals wie heute leben wir Menschen in einer Welt, in der Mächtige über das Schicksal ganzer Völker bestimmen. Das trifft nicht nur in diktatorischen Systemen und besetzten Gebieten zu, sondern selbst in der sogenannten »freien Welt«. Die Erfahrungen mit der Präsidentschaft Donald Trumps sind dafür ein sprechendes Beispiel. Betrafen damals Entscheidungen des Kaisers Augustus die Welt von Spanien bis Persien und von der Nordsee bis ins Niltal, schlagen Dekrete aus Washington heute weltweit Wellen. Im Gegensatz zur Politik des ersten römischen Kaisers, der nach einer »pax romana« – Frieden in seinem Weltreich – strebte, entfesselt der starke Mann der bestimmenden Supermacht heute globale Handelskriege und einen neuen Rüstungswettlauf, welche die Welt politisch, militärisch und wirtschaftlich destabilisieren. Besorgte Blicke auf das Weltgeschehen heute und die Strategien moderner

Machthaber können sich mit dem jungen Paar in Nazaret damals verbinden.

Maria und Josef, wenige Monate des Zusammenlebens sind euch in Nazaret gegeben, bevor ihr euch auf einen riskanten Weg aufmachen müsst. Miteinander im Alltag vertraut werden, die gemeinsame Lebenswelt ausgestalten, die jeweilige Arbeit und die gemeinsame Freizeit in Einklang bringen, euch in eurem Dorf als junges Paar engagieren und miteinander in die Zukunft schauen – all das erfährt eine unerwartete Unterbrechung. Von oben verordnet, musst du, Josef, dich in deine Stammheimat begeben und dort registrieren lassen. Ohne Wenn und Aber! Politische Entscheidungen erfolgen ohne Rücksicht auf die persönliche Situation. Regierende entscheiden »über die Köpfe hinweg«.
Wir freiheitsliebenden Bürgerinnen und Bürger Europas haben das im Frühling 2020 ungewohnt drastisch erlebt. Die Pandemie des Coronavirus hat unsere Regierungen zu einschneidenden Verordnungen gedrängt: Ausgeh- und Versammlungsverbote, das Stilllegen ganzer Wirtschaftszweige, geschlossene Grenzen. Die ganze Bevölkerung war betroffen, und die Notmaßnahmen erfassten weltweit viele Länder. Gut, wer in solchen Situationen gutheißen kann, was die Politik auf allen Ebenen leitet. Glücklich, wer selber Solidarität erfährt und bieten kann. Hoffnungsvoll, wenn belastende Auflagen begrenzt und eine Entspannung der Situation absehbar ist!
Euer Aufbruch war verordnet und in eurer Situation eine Zumutung! 120 Kilometer auf mühsamen We-

gen, durch das Bergland Samariens und die Wüste Judas nach Jerusalem und ein paar Meilen weiter in die kleine Geburtsstadt Davids. Kein Weg für eine Frau, die im neunten Monat schwanger ist! Und doch hast du dich entschieden mitzugehen, Maria. Wege, die ihr von der jährlichen Wallfahrt nach Jerusalem her gekannt habt. Dennoch ein Unterwegssein, das diesmal nicht nur beschwerlicher zu sein versprach, sondern auch ein Risiko darstellte. Ihr werdet eure Entscheidung gut abgewogen haben. Der Geburtstermin des Kindes nahte. Der junge Ehemann war auf den Weg gezwungen. Als junge Frau hattest du die Wahl, risikobereit mit aufzubrechen oder der Geburt des ersten Kindes ohne die Unterstützung des Liebsten entgegenzugehen!

Aufbruch
als Paar
auf riskante Wege
Kaiser und Gott bewegen
südwärts

Äußere Zwänge verbinden sich mit entschlossener Solidarität – und mit einer tieferen Hoffnung. Der Ewige, der seine Nähe im kommenden Kind erfahrbarer denn je machen will, wird euch nicht im Stich lassen. Und sosehr der Weg abschrecken könnte, sein Ziel steht ebenfalls für Gottes alte Treue zu Israel: »So zog auch Josef von der Stadt Nazaret in Galiläa hinauf nach Judäa in die Stadt Davids, die Betlehem heißt. Denn er war aus dem Haus und Geschlecht Davids. Er wollte sich registrieren lassen mit Maria, seiner Gattin, die ein Kind erwartete« (Lukas 2,4–5). Ich lese diesen Vers mit einer Frage an euch: Das Wollen liegt nicht in der Registrierung, die verordnet und erzwungen ist, sondern im MIT! Warst du es, Josef, der Maria dabeihaben wollte? Warst nicht vielmehr du es, Maria, die mitzugehen wünschte? Ein noch junges Miteinander, das stärker ist als alle Sorgen, die sich mit dem Weg verbinden? Besser, Risiken gemeinsam anzugehen, als sich ihnen getrennt auszusetzen: den Risiken des Weges und den Risiken der Geburt?

Aufbrechend lenken Maria und Josef unseren Blick auf eigene Erfahrungen. Auch ich erfahre Zumutungen in meinem Leben, das da und dort fremdbestimmt wird. Politische Entscheidungen, gesellschaftliche Vorgänge und wirtschaftliche Entwicklungen betreffen mich und Menschen in meinem Umfeld. Wie gehe ich mit Unliebsamem um? Was ermutigt mich in solchen Situationen? Wo erfahre ich Gefährtenschaft, und wie erlebe ich selber Solidarität, die den Horizont weitet und Risiken gemeinsam angehen lässt?

Die jüdisch-christliche Religion weiß um das Heilsame und Befreiende, das in der Erinnerung von Hoffnungsgeschichten liegt. Das Pessahfest erinnert jährlich an den Auszug aus Ägypten und Israels Weg ins Gelobte Land: an Unfreiheit und politischen Zwang, an menschlichen Mut und das gemeinsame Aufbrechen, an die Schwierigkeiten und Gefahren in der Wüste und daran, dass Solidarität durch Erprobung reift. Der christliche Advent verbindet auch das Weihnachtsgeschehen mit solchen Hoffnungsgeschichten:

mit Blick auf ein junges Paar, das sich von unliebsamen Überraschungen nicht beirren lässt und sich den Zumutungen des Lebens gemeinsam stellt – und mit Blick auf Fremde, die auf den Weg gehen. Diese werden uns in der zweiten Adventswoche begleiten.

Zweite Woche

Auf dem Weg mit Weisen

Sonntag
Sterndeuter: offene Blicke

Nicht nur Maria und Josef machen sich auf. Die Evangelien sehen weitere Gestalten auf dem Weg. Nach dem Engel Gabriel am Anfang der Geschichte werden am Ziel des Weges viele Engel in Aktion treten, um Himmel und Erde zu verbinden. Hirten erfahren in Betlehem die Geburt Jesu nur deshalb, weil sie sich auf den Weg machen. Die Davidstadt ist überfüllt von Hergereisten, welche die Herbergen und die Karawanserei belegen. Am weitesten reisen in dieser Geschichte Fremde aus dem »Morgenland«. Matthäus stellt sie als »Sterndeuter aus dem Osten« vor. Sie brachen auf, weil sie »einen Stern aufgehen sahen«, der auf »einen neugeborenen König der Juden« hinwies (Matthäus 2,1–2).

Moderne Astronomen – Berufskollegen der Genannten – weisen darauf hin, dass es damals außergewöhnliche Himmelserscheinungen gab. Zwischen Oktober des Jahres 12 und Februar 11 v. Chr. zog der Komet Halley die Blicke der Menschen zum Himmel. Viele mochten sich fragen, was der lichtstarke »Stern« mit seinem Schweif denn bedeute, der vom Auge erkennbar ist und den nur jede dritte Generation zu Gesicht bekommt. Für ein ungewöhnliches Aufstrahlen am Sternenhimmel tragen auch seltene Planetenkonstellationen bei. Im Jahr 7 v. Chr. bildeten Jupiter und Saturn im Sternbild der Fische eine große Konjunktion. Im Jahr 6 v. Chr. waren es Sonne, Mond, Jupiter und Venus im Sternbild des Widders. In den Jahren 3 und 2 v. Chr. waren es Venus und Jupiter in Konstellationen, die morgens am Westhimmel aufleuchteten und Sterndeuter aus dem Osten auf den Weg hätten bringen können. Was bedeutet es, wenn der Königsstern und der Stern Judas oder der Stern der göttlichen Liebe sich im Westen vereinen und leuchtend über der Erde stehen? Erneut müssen uns die astronomische Faktenlage und astrologische Deutungen nicht näher interessieren. Matthäus will Grundlegenderes sagen!

Der Begriff *magoi* bezeichnet aus jüdischer Sicht Weise und Gelehrte, die auch für Astrologie zuständig waren. Im Perserreich bildeten »Magier« oder »Mager« eine Priesterkaste, welche die Herrscher beriet. Die Deutung von Naturphänomenen floss dabei in Vorhersagen ein. Im Jahr 66 n. Chr. reiste der Partherkönig Trdat I. mit solchen Magiern im Gefolge aus Persien zu Kaiser Nero nach Rom, brachte ihm Geschenke, ehrte den Thronenden und kehrte auf einem anderen Weg wieder zurück. Der Evangelist dürfte neben Himmelsphänomenen diese Geschichte für sein Kindheitsevangelium aufgegriffen und verändert haben. Worin liegt seine tiefere Botschaft? Auch diese Woche fragen direkte Gespräche mit den biblischen Gestalten danach und schlagen Brücken ins Heute.

Was auch immer wir heute von der Astrologie halten: Als Sterndeuter und Weise steht ihr zunächst für wache Menschen! Euer Blick bleibt nicht auf das Alltägliche fixiert. Die Routine des täglichen Geschehens zieht eure Aufmerksamkeit nicht in ihren Bann. Ihr schaut darüber und über eure Kreise hinaus. Ihr behaltet das Größere im Blick. Die Natur hat ihre Sprache – und der Himmel auch. Ihr rechnet mit lei-

sen Zeichen, die es wahrzunehmen gilt. Euer wacher Blick kennzeichnet euch als Zeitgenossen, die offen sind für Dinge, die wir Menschen im Alltagstrubel leicht übersehen, und offen für Unerwartetes, das es zu deuten gilt.
Papst Franziskus gesellt sich mit seinem eindringlichen Rundschreiben »Laudato si'« zu euch. Er liest die Zeichen der sich verschärfenden sozialen und ökologischen Krisen der Erde, die er als »gemeinsames Haus« des Lebens beschreibt. Er hört die Erde als »Mutter« – von vielen ungehört – in ihrer Not »schreien«. Die Klimajugend tut es seit einem Jahr Franziskus gleich, lauter und zugleich mit eingeschränktem Blick. Die Situation unserer Erde und der Menschheit erfordert in ihrer ökologischen und sozialen Schieflage das Aufschauen und Aufschrecken, das Lesen der Zeitzeichen und das Aufbrechen aus dem Alltag, das euer Weg damals symbolreich darstellt: kein Verharren im Gewohnten und in liebgewordenen Verhaltensweisen, sondern offene Augen und ein offenes Ohr für das, was die Welt herausfordert. Offenheit für Zeichen, die es zu lesen gilt, und die Bereitschaft, sich aufzumachen. Ihr tut es herausgefordert, fragend und suchend. Lasst uns wie ihr erkennen, was Phänomene in der Natur und Zeichen des Himmels der Welt heute zu sagen haben!
Ein Zweites beeindruckt an eurem Aufbruch: Ihr wagt euch in die Fremde – und als Fremde zu einem anderen Volk! Die Evangelien stellen damit von Anfang an Grenzen in Frage, die wir Menschen errichten: nationale, kulturelle, politische und auch religiöse! Bereits die Urgeschichte Israels sagt von

Abraham, dass er zum »Vater vieler Völker« werde. Gottes Bund mit ihm nimmt die Menschheit in den Blick. Die alten Propheten Israels sprechen in Visionen, die wir in adventlichen Gottesdiensten hören, von ganzen Völkern, die sich auf den Weg nach Jerusalem machen werden, wo der Ewige sie am Ende der Zeit zu einem großen Fest lädt (Jesaja 2,1–5). Dabei werde »das Festmahl für alle Völker« auch »die Hülle, die alle Nationen verhüllt, und die Decke, die alle Völker bedeckt«, zerreißen und den Blick auf einen Gott freigeben, der die ganze Menschheit verbindet (Jesaja 25,6–8). Wer diese Einladung Gottes zum künftigen Fest aller Völker empfängt und bedenkt, verändert sein Tun schon heute: »Viele Nationen machen sich auf den Weg. Sie rufen einander zu: Kommt, lasst uns zum Berg Gottes pilgern … Er lasse uns seine Wege finden und auf seinen Pfaden gehen … Dann schmieden sie Pflugscharen aus ihren Schwertern und Winzermesser aus ihren Speeren. Kein Volk zückt mehr das Schwert gegen ein anderes und niemand lernt mehr das Kriegshandwerk. Alle sitzen im Schatten ihrer Reben und unter ihrem Feigenbaum« (Micha 4,1–4).

Euer Weg aus dem Morgenland durch die Wüste steht für weit mehr als eine astrologische Spurensuche: Er steht für Menschen mit einem wachen Blick über ihren Alltag hinaus, für das aufmerksame Lesen der Zeichen der Zeit, für die Bereitschaft aufzubrechen und für den Mut, in die Fremde zu gehen. Matthäus erinnert mit eurem Weg an einen Gott, dessen Zuwendung und Zusagen sich weder auf ein Volk noch auf eine einzige Religion beschränken. Es gibt viele

Wege, die zum gleichen Ziel führen, an dem sich alle einmal finden werden. Jedes Volk soll vom Frieden erfasst werden, der möglich wird, wenn alle ihre gemeinsame Zukunft erkennen.
Im Februar 2019 reisten Papst Franziskus und Großimam Ahmad Muhammad al-Tayyeb ins Morgenland. Letzterer vertritt als Rektor der Azhar-Universität in Kairo die höchste Lehrautorität des sunnitischen Islam. Die beiden Vertreter der größten Weltreligionen unterzeichneten in Abu Dhabi am persischen Golf eine historische »Erklärung über die Geschwisterlichkeit aller Menschen«: Es ruft alle Religionen und alle Nationen der Welt mit einer Reihe konkreter Postulate auf, gemeinsam für eine gerechtere, menschlichere und friedlichere Welt einzustehen.[14] *Dabei deuten sie die Zeichen der Zeit ebenso wach wie ihr damals! Auch sie stellen die Grenzen in Frage, die Menschen vorschnell ziehen, und rufen dazu auf, gemeinsam auf den Weg zu gehen, damit Friede auf Erden werde.*

Montag
Wie Pilgernde: ein Weg und sein Ziel

Die Weisen aus dem Osten folgen einem Stern, der ihnen das Ziel weist. Heute wandern Jakobspilgernde aus ganz Europa auf dem »Sternenweg« westwärts bis an den Atlantik. Die Milchstraße am Himmel und gelbe Pfeile auf Erden lassen sie auf der Iberischen Halbinsel zielsicher zum »Sternenfeld« – lateinisch *campus stellae* und spanisch Compostela – finden. Sowohl die Weisen der biblischen Weihnachtsgeschichte wie auch Pilgernde aus allen Zeiten zeichnen sich dadurch aus, dass sie zielgerichtet unterwegs sind. Damit ist das moderne Pilgermotto »Der Weg ist das Ziel« zu hinterfragen: Pilgern empfängt seine Kraft und Richtung daraus, dass der Weg ein Ziel hat, einen heiligen Ort, an dem Menschen seit Generationen Heilung und Heil erfahren haben. Wandern ist gesund und kann ein Gleichnis für das Leben sein, doch Unterwegssein allein ist für Pilgernde nicht wirklich das Ziel.

Der polnisch-britische Soziologe Zygmunt Bauman charakterisiert den modernen Menschen als Vagabunden oder Touristen. Erstere sind ziellos unterwegs und Letztere wählen das Ziel nach eigenem Gusto. Das touristische Unterwegssein steht für die perfekte Konsumhaltung: Touristinnen und Touristen wählen in aller Freiheit, wohin die Reise gehen soll. Sie bestimmen Reisemittel und Aufenthaltsorte nach ihren Interessen. Dabei haben sie weder Lust noch Zeit, sich mit etwas abzugeben, das sie in die Pflicht nimmt, und sie finden auch keine Zeit, sich um die Probleme anderer zu kümmern. Auch eigene existenzielle Fragen sind aufgeschoben. Einmal im Jahr sorglos verwöhnt werden und als Gäste König sein! Die Welt lässt sich genießen – und es gilt, von ihren Angeboten maximal zu profitieren. Bauman sieht darin eine verbreitete Lebenshaltung, die in einer Wohlstandsgesellschaft auch den Alltag prägen will. Vagabunden und Flüchtlinge sind die anderen, die in unserer Gesellschaft unterwegs sind. Auch sie sind in Bewegung, allerdings ohne die Wahlfreiheit, ihr Ziel zu bestimmen, von Verzweiflung getrieben und von der Not, ihr Überleben zu sichern. Fliehende und Vagabunden erinnern daran, dass die Welt kein selbstgemachtes Paradies ist, sondern dass das Prekäre hinter jeder Ecke steht. Viele Migranten und Migrantinnen reisen auf der Flucht vor wirtschaftlicher oder politischer Not durch die Welt in der Hoffnung auf ein besseres Leben. Viele hoffen, einmal den Standard zu erreichen, den sie an Touristen erleben.

Baumans zwei Metaphern für moderne Menschen, die auch ihren Alltag oft wie Touristen oder Vagabunden bewältigen, ergänzte Luigi Padovese an der franziskanischen Universität in Rom mit einem dritten Grundmodell, das tiefbiblisch ist: Pilgernde![15] Sie unterscheiden sich grundlegend von Touristinnen und Migranten. Pilgernde ziehen zu Fuß durchs Land, setzen sich Wetter und Wegen aus, scheuen auch vor Ungewissem und Prekärem nicht zurück, sind zielgerichtet und gehen durch Auf und Ab weiter. Im Gegensatz zu Touristen in ausgewählten Resorts und akzeptierter als Flüchtlinge, kommen sie unterwegs mit Freuden und Sorgen der Bevölkerung in Kontakt. Sie erfahren, dass das gemeinsame Ziel schon unterwegs unterschiedlichste Menschen verbindet. Islamische Pilgernde wissen, dass sie nach bestandenen Strapazen in Mekka ankommen und da ein Glaubensfest mit Muslimen aus aller Welt erleben. Jüdische Wallfahrt macht solches an den großen Jahresfesten in Jerusalem erlebbar. Jakobspilgernde hören die Legende, dass auf dem Sternenfeld Himmel und Erde sich besonders nahe sind, und auch ihnen ist verheißen, dass das glückliche Ankommen am Ziel für Leichtfüßige wie für Strapazierte zum großen Fest wird. Das anziehende Ziel bestimmt, dass Pilgernde auf dem Weg bleiben, Schwierigkeiten meistern, auch reizvolle Orte loslassen und sich täglich in Neuland wagen. Das Ziel im Blick, schreiten sie persönlich voran und sind dankbar für Gefährtinnen und Gefährten, die sie unterwegs ermutigen.

Was verbindet euch, ihr Weisen aus dem Morgenland, mit Christinnen und Christen? Zunächst das Unterwegssein aus einer tiefen Erwartung und Hoffnung. Die erste Selbstbezeichnung von Gläubigen, die sich zu Christus bekennen, war »tes hodou ontas« – »Leute vom Weg« (Apostelgeschichte 9,2). Echter Glaube bringt hoffnungsvoll in Bewegung. Und das gilt nicht nur für das Christentum. Als sich Delegationen aus allen Kirchen und Weltreligionen sowie bedeutenden Naturreligionen 2011 erneut in Assisi zu einem Friedenstreffen versammelten, stellte der einladende Papst den Tag unter ein überraschendes Motto: »Pilgernde zu Wahrheit und Frieden«. In seiner Rede verdeutlichte er mit Dank an die agnostische

Vertreterin, dass keine Religion und keine Kirche die Wahrheit besitzen: Alle seien sie unterwegs zu tieferer Wahrheit und größerem Frieden. Wer die ewige Wahrheit zu besitzen glaube, werde exklusiv, intolerant und zur Bedrohung des Friedens. Benedikt XVI. versicherte den Anwesenden, dass er mit seiner Kirche »pilgernd« bleibe. Der Tag von Assisi ermutigte dazu, einander auf den verschiedensten Glaubenswegen nicht als Rivalen oder Gegner zu sehen, sondern als Gefährtinnen und Gefährten, die einander ermutigen und voneinander lernen können.[16]

Was euch Sterndeuter ebenfalls mit uns und den ersten Christinnen und Christen verbindet: Wer eurem und ihrem Beispiel folgt, kann sich nicht mit dem Vorgegebenen begnügen. Der Petrusbrief des Neuen Testaments kennzeichnet Glaubende als »Pilgernde und Gäste auf Erden« (1 Petrus 2,11). Der Brief an Diognet drückt die Spannung prägnant aus: »Christinnen und Christen sind weder durch Heimat noch durch Sprache und Sitten von den anderen Menschen verschieden. Sie bewohnen nirgends eigene Städte, sprechen keine abweichende Sprache und führen auch kein exklusives Leben.« Sie wohnen in Städten, »wie es einem jeden das Schicksal beschieden hat, und folgen der Landessitte in Kleidung, Nahrung und Lebensart … Sie bewohnen je das eigene Vaterland – wenn auch wie Gäste. Sie beteiligen sich an allem wie Bürger – und lassen sich alles gefallen wie Fremde. Jede Fremde ist ihnen Heimat – und jede Heimat ist ihnen Fremde … Sie weilen auf Erden – aber ihr Wandel ist im Himmel.«[17] *Das Leben auf Erden soll sich mit dem Himmel verbinden. Was uns dort genau erwartet, bleibt ähnlich offen wie das, was ihr am Ziel eures Weges erwartet haben dürftet: Wenn Sterne auf einzigartige Weise an einen Ort auf Erden verweisen, verbinden sich da Erde und Himmel. Das Irdische öffnet sich für das Ewige – und Ewiges wird Irdischen zugänglich.*

Frühchristliche Autoren deuten das Fremd- und Pilgersein ihrer Religion auf Erden mit Blick auf ein Ziel, das erst im großen Advent erreicht wird, der am Ende der Zeit eintritt. Glücklich, wer sich bei allem Engagement auf Erden darauf ausrichtet und die ganze Lebensfülle da erhofft, wo irdische Wege an ihr Ziel kommen.

Dienstag
»Drei Könige«: Kontinente – Rassen – Generationen

Wie kommt es, ihr Sterndeuter und Weise aus dem Osten, dass ihr in unseren Krippen Kronen tragt? Die abendländische Tradition stellt euch als Könige dar und im Kölner Dom findet sich ein kostbarer Schrein, der die Gebeine von euch »Drei Königen« bergen soll. Das Evangelium spricht weder von Königen noch nennt es eine Zahl. Es ist die christliche Tradition, die sich mit Origenes im frühen 3. Jahrhundert für die Dreizahl entschieden hat. Sie leitet sich von den Geschenken ab, die ihr dem neugeborenen König mitgebracht habt: Matthäus schildert, wie ihr Orientalen in Betlehem, vom Stern geleitet, freudig »in das Haus« tretet, da »das Kind und Maria, seine Mutter«, erblickt und niederfallt, um ihm zu huldigen. »Dann holten sie ihre Schätze hervor und brachten ihm Gold, Weihrauch und Myrrhe als Gaben dar« (Matthäus 2,1–12). Wie kommt der Evangelist auf diese Schilderung? Auf welche Quellen greift er zurück – und welche Botschaft klingt in unseren Krippen mit? Wir kommen später auf die Gaben zu sprechen und schauen zunächst auf euch selbst.

Erneut verwebt Matthäus seine Erzählung mit Motiven aus der jüdischen Bibel. Die Schule des Propheten Jesaja singt ein Lied auf die künftige Völkerwallfahrt nach Jerusalem, dessen Eingangsvers auch in moderne Adventslieder eingeflossen ist:

»Auf, leuchte, Jerusalem, denn dein Licht strahlt auf!
Der Lichtglanz Gottes geht leuchtend über dir auf!
Schau, Finsternis bedeckt die Erde
und Dunkel liegt über den Völkern,
doch über dir steigt lichtvoll der Ewige auf
und sein Glanz erscheint über dir.
Fremde Völker wandern zu deinem Licht
und Könige finden zu deinem
aufstrahlenden Lichtschein.
Weite deinen Blick und schau dich um:
Sie alle sammeln sich und kommen zu dir.
Deine Söhne treffen aus fernen Ländern ein,
deine Töchter werden auf den Armen getragen …
Die Schätze der Meere finden zu dir,
und der Reichtum anderer Völker kommt dir zu.
Zahllose Kamele drängen sich in deinem Land,
Dromedare aus Midian und Efa.
Aus Saba kommen sie,
bringen Weihrauch und Gold mit und sprechen
von den Großtaten Gottes« (Jesaja 60,1–6).

Midian und Efa stehen für Nomadenstämme in Jordanien, Saba für ein Königreich in Jemen. Bereits die Prophetenfamilie Jesajas sieht künftig reiche Orientalen aus der Wüste nach Israel kommen. Kamele und Dromedare in unseren Krippen haben hier ihren biblischen Hintergrund. Gold und Weihrauch ehren den König, über dessen Stadt Gott neues Licht für alle Völker aufstrahlen lässt. Psalm 72 weitet den Blick nach Westen und auf das Mittelmeer: »Die Könige von Tarschisch und von den Inseln bringen Geschenke, die Könige von Saba und Seba kommen mit Gaben. Alle

Könige müssen ihm huldigen, alle Völker ihm dienen.« Hier sind es ausdrücklich Könige, die den künftigen Friedenskönig besuchen und ehren. Indem Matthäus diese messianischen Hoffnungen Israels aufgreift und in die Geburtsgeschichte Jesu einflicht, kündigt er ihre Erfüllung an: Licht strahlt über der Davidstadt auf, ein Friedenskönig wird geboren, der die ganze Welt in Bewegung bringt, Könige aus Ost und West huldigen ihm und ehren ihn mit kostbaren Geschenken. Israels alte Träume von einem neuen Davidreich, von Reichtum und Macht werden sich allerdings nicht erfüllen. Der Messias kommt ganz anders, spricht vom Gottesreich, weckt Menschlichkeit und steht für einen Frieden ein, der nichts mit Machtpolitik und staatlicher Größe zu tun hat.

Was sagt uns eure Dreizahl, ihr Weisen aus der Fremde? Die Zahl verdankt sich der christlichen Tradition, erinnert an die Gäste Abrahams und Saras (Genesis 18) und spielt leise auf das Göttliche an. Unsere Krippendarstellungen haben euch zudem drei verschiedenen Kontinenten zugeteilt und drei Generationen! Damit weitet sich der Blick ähnlich wie in den biblischen Hoffnungsvisionen in alle Richtungen. So klein Israel zwischen den großen Hochkulturen der Antike auch war, es sah als Durchgangsgebiet vom Euphrat und Tigris an den Nil seit Jahrhunderten Karawanen mit Schätzen durchziehen. Babylon, Ägypten und Persien stritten sich um die Kontrolle dieser Region. König David gelang es, ihre strategische Lage auszunutzen und seinem Kleinreich überregionale Bedeutung zu verleihen. Tatsächlich stoßen im fruchtbaren Land-

streifen, der am Mittelmeer liegt und das Zweistromland Mesopotamien mit dem Pharaonenreich verbindet, drei Kontinente zusammen: Das Gebiet gehört zu Asien, wird durch die tiefe Aravasenke jedoch über das Rote Meer mit Afrika verbunden, und das Mittelmeer spült auch Europas Wasser an die Küste.
So erweisen sich unsere Krippen als tiefsinnig, wenn sie euch drei »Könige« als Trio mit einem Afrikaner, einem Asiaten und einem Europäer darstellen. Erstmals hat euch im frühen Mittelalter der englische Benediktiner Beda Venerabilis den drei bekannten Erdteilen zugeordnet.[18] *Heute noch ist der Nahe Osten mit Israel, Palästina und Syrien ein Brennpunkt der Weltpolitik. Russland und die USA mischen kräftig mit, und Krisen, die hier eskalieren, drohen die ganze Welt zu erfassen. So bleibt die Hoffnungsvision bis heute gültig, dass Jerusalem nicht trenne, sondern verbinde: Völkerschaften im Nahen Osten selbst, die drei Kontinente, die da zusammenstoßen, und »alle Völker der Erde«. Wie oft lässt uns die Tagesschau mit Nachrichten in den Nahen Osten schauen und nach Jerusalem blicken. Und wie sehr wünscht sich alle Welt, dass sich über dieser Stadt dunkle Wolken verziehen und »Licht aufstrahlt«: das Licht des Friedens und der Verständigung unter Völkern. Lasst uns, wenn wir unsere Krippen betrachten, dafür beten. Und wenn ihr als Trio afrikanische, asiatische und europäische Gesichtszüge tragt, steht eure gemeinsame Wegsuche auch für das globale Zusammenfinden verschiedener Rassen und Kulturen: angesichts der neuen Rassenunruhen in den USA und der Antirassismus-Demonstrationen auch in Europa aktueller denn je!*

Die drei Könige werden auch drei verschiedenen Generationen zugeordnet. Der Benediktiner Beda Venerabilis beschreibt die drei Weisen um 700 n. Chr. wie folgt: Der erste, der seine Gabe übergibt, sei Melchior und trage als Greis einen weißen Bart, als zweiter huldige Caspar als bartloser Jüngling und als dritter nähere sich Balthasar mit dunklem Vollbart.[19] Nicht nur alle Erdteile sollen im Licht, das mit dem Kommen Jesu aufstrahlt, Wege zum Frieden finden. Auch die Generationen sehen sich vereint: Wachheit für den Himmel, der die Erde findet, ist jedem Alter eigen. Advent und Weihnachten können dies besser als jede andere Zeit des Kirchenjahres Generationen verbindend spürbar machen: Jugendliche gestalten Roratefeiern, die der Sehnsucht von Jung und Alt sinnlich-tiefsinnig Raum geben. Kinder führen Krippenspiele auf, die Eltern und Großeltern berühren. Junge Eltern gestalten Weihnachtskrippen und erklären ihren Kindern, welche Geschichte sich damit verbindet.

Mittwoch

Melchior: vom Licht geleitet

Der Name, den die christliche Tradition dem ersten Weisen gab, leitet sich von den althebräischen Wörtern für »mein König« (melechi) und »Licht« (or) ab. Wie viele hebräische Namen spielt er auf Gott selbst an und stellt ein Glaubensbekenntnis dar: »Mein König ist Licht«. Melchior wird als Greis und mit europäischen Gesichtszügen dargestellt.

Folgen wir der abendländischen Tradition, so hast du, Melchior, im Orient als Europäer in den Sternenhimmel geschaut: Die westliche Kultur Europas und Nordamerikas beobachtet den Himmel auch heute aufmerksam. Ein Netz von Satelliten ermöglicht uns die schnelle Kommunikation und das zielsichere Unterwegssein mit GPS. Hochleistungsteleskope halten Ausschau nach Asteroiden, die der Erde gefährlich werden könnten und gegen die eines Tages Raketen mit hohem Sprengpotential eingesetzt werden sollen. Satelliten mit Sensoren erforschen das Weltall nach Spuren intelligenten Lebens. Milliardenteure Programme setzen unbemannte Raumschiffe auf dem Mars ab und lassen hitzegeschützte Satelliten um die Sonne kreisen. Investoren kündigen an, dass sie bald Weltraumtouristen in den erdnahen Himmel schießen wollen. Der Westen und der Himmel! Bei seiner Landung nach der historisch ersten Weltraumerkundung in einer Rakete soll der russische Kosmonaut Juri Alexejewitsch Gagarin 1961 gesagt haben, er habe da oben keinen Gott gesehen. Die Aussage stammt allerdings vom Staatschef Nikita Chruschtschow und diente der kommunistischen Propaganda. Der russische Bauernsohn Gagarin war orthodoxer Christ und blieb laut Freunden bis zum Tod seinem Glauben treu. Als Chef der sowjetischen Kosmonautengruppe konnte er allerdings der Staatspropaganda in der totalitären Sowjetunion nicht öffentlich widersprechen. Das Weltall fasziniert Europäer wie Nordamerikaner, gläubige wie ungläubige. Und wir nehmen viel Geld in die Hand, um es zu nutzen, zu erforschen – und zu vermüllen …

Die Gabe, die dir zugewiesen wird, ist Gold. Es wird als Ressource vorwiegend auf der südlichen Erdkugel gewonnen und in den Ländern des Nordens gehortet. Es steht damit auch für den Reichtum der Welt, der ungleich verteilt bleibt. Dies trifft nicht nur auf das Kapital zu, sondern auch auf Technologien, Infrastruktur, Nahrungsmittel, die medizinische Versorgung und den Lebensstandard. Papst Franziskus dankte in seinen Reden vor dem Europarat und Europaparlament unserem und deinem Kontinent, Melchior, für die Menschenrechte, die sich der europäischen Aufklärung verdanken, von hier aus weltweit ausstrahlen und deren Hüterin der UNO-Sitz in Genf ist. Er dankte für Entwicklungsarbeit und legte den Finger zugleich auf Formen fundamentalen Unrechts, etwa im Umgang mit Flüchtlingsströmen und im Schützen der eigenen Privilegien. In seinen Schreiben wird Franziskus noch deutlicher: Die jetzige »Weltwirtschaft tötet«. Sie lässt Reiche reicher und Arme ärmer werden. Tausende sterben täglich vor

Hunger, die Klimakrise provoziert im Süden Migrationsströme und neue Stellvertreterkriege zerstören ganze Länder wie den Jemen und Syrien.
Das Gold in deinen Händen, Melchior, es verbindet sich mit deinen weißen Haaren. Reich an Lebensjahren und an Altersweisheit, stehst du in unseren Krippen vor dem Kind, das alle Völker verbinden soll und für »Frieden auf Erden allen Menschen, die Gott liebt«, steht. Lass uns Bürgerinnen und Bürger in Europa – in vielerlei Beziehung reich privilegiert – unruhig werden und bleiben mit Blick in die Welt. Du schenkst dein Gold weiter. Wie finden wir zu einem beherzten Teilen, das zu einer menschlicheren, gerechteren und friedlicheren Welt beiträgt?

Donnerstag
Caspar: Kostbares hüten

Der Name, den die christliche Tradition seit Beda Venerabilis dem zweiten Weisen gab, leitet sich von den altpersischen Wörtern für Schatz (Ghaz) und Verwalten (bar) ab. Der »Schatzverwalter« Caspar wird jugendlich und mit afrikanischen Gesichtszügen dargestellt. Das Geschenk in seinen Händen ist Myrrhe – eine Heilpflanze des Orients.

Das Weihnachtslied »Ein Stern ist aufgegangen«, das Guido Maria Dreves im Jahr 1886 dichtete, schlägt etwas vorschnell eine Brücke zur Passionsgeschichte: Ihr Weisen hättet »Weihrauch dem Gotteserben, dem Königskinde Gold« gebracht und »die Myrrhe ihm, der sterben für uns am Kreuze wollt«[20]. Den Link zu dieser europäischen Deutung mag ungewollt das erste und das vierte Evangelium gegeben haben. Markus erzählt, dass man Jesus vor der Kreuzigung zur Betäubung »Wein, der mit Myrrhe gewürzt war«, reichte, er diesen aber nicht trank (Markus 15,23). Johannes erzählt im Rahmen der Leidensgeschichte, wie der Pharisäer Nikodemus 100 Pfund Aloe mit Myrrhe vermischt für das Begräbnis seines Freundes besorgt. Frauen, die den Kreuzweg bis Golgota mitgingen, sorgten für eine würdige Grablegung des geschundenen Herrn. Er wird dazu »mit den wohlriechenden Salben, wie es beim jüdischen Begräbnis Sitte ist«, einbalsamiert und in eine nahe Felsenhöhle gelegt (Johannesevangelium 19,31–42). Die Myrrhe in deiner Hand, Caspar, steht allerdings nicht primär für Leiden und schon gar nicht für »Sterben-Wollen«, sondern für das Gegenteil: Wohlgeruch und Heilung, Schönheit und Liebe!

In der hebräischen Bibel steht Myrrhe für den Duft der Liebenden und den Zauber der Erotik. Gleich sieben Mal kommen die alttestamentlichen Liebeslieder auf die wohlriechende Pflanze zu sprechen. Ein erstes Lied lässt die Freundin singen: »Mein Geliebter ruht wie ein Beutel mit Myrrhe an meiner Brust. Eine Hennablüte ist mein Geliebter mir aus den Weinbergen von En-Gedi« (Hoheslied 1,13–14). Ein zweites Lied sieht die Geliebte heraufsteigen aus der Wüste, »umwölkt von Myrrhe und Weihrauch, von allen Wohlgerüchen des Händlers« (3,6). Im dritten Lied besingt der Freund den Körper der Braut in prickelnder Erotik und will, »wenn der Tag verweht und die Schatten wachsen, zum Myrrhenberg gehen, zum Weihrauchhügel« (4,6). Im »Lustgarten«, der die Freundin selbst ist, sprossen neben Granatäpfeln, Nardenblüten, Krokus, Gewürzrohr und Zimt auch »Myrrhe und Aloe, allerbester Balsam« (4,13–14). Im folgenden Kapitel pflückt der Liebende in diesem Garten »meine Myrrhe samt meinem Balsam« und berauscht sich an Honig, Wein und Milch der Liebe (5,1). Wenige Verse später steht die Freundin nachts nackt vom Lager auf, um den Geliebten mit taunassem Haar einzulassen: »Da tropften meine Hände von Myrrhe am Griff des Riegels« (5,5). Von ihrem Liebsten sagt sie darauf: »Seine Wangen sind wie Balsambeete, darin Gewürzkräuter sprießen, seine Lippen wie Lilien; sie tropfen von flüssiger Myrrhe.

Seine Finger sind wie Stäbe aus Gold« (5,13–14). Myrrhe, Gold und Weihrauch treten auch in diesen biblischen Liebesliedern vereint auf. Wie kommt es, dass christliche Autoren das übersehen?
So viel Zauber und Schönheit! Wohlgerüche, Genuss und Liebreiz! Im Buch Ester wird den jungen Frauen am persischen Königshof des Artaxerxes eine intensive Schönheitspflege zuteil: »sechs Monate mit Myrrhenöl und sechs Monate mit Balsam und anderen Schönheitsmitteln der Frauen« (Ester 2,12). Im Buch Jesus Sirach sagt die Weisheit, die von Gott kommt, über sich selbst: »In der Stadt, die Gott ebenso liebt wie mich, in Jerusalem ließ er mich zur Ruhe kommen ... Wie eine Zeder auf dem Libanon wuchs ich in die Höhe und wie eine Zypresse an den Hängen des Hermon, wie eine Palme in der Oase En-Gedi gedieh ich und wie Rosensträucher in Jericho, wie ein kräftiger Olivenbaum in der Ebene und wie eine Platane entfaltete ich mich ... Wie erlesene Myrrhe verströmte ich meinen köstlichen Geruch ... und wie eine Weihrauchwolke im Zelt« (Sirach 24).
Die Schätze, die du hütest und weiterschenkst, Caspar aus Afrika, sie sind kostbarer als die Rohstoffe, nach denen Länder des Nordens auf deinem Kontinent lechzen. Was mich an meinen afrikanischen Mitbrüdern heute am meisten beeindruckt, ist ihre Lebensfreude. Und ich erinnere mich an den Schlussgottesdienst der Afrikasynode, die gegen Ende meiner Studienjahre in Rom stattfand. Johannes Paul II. lag krank im Spital, so dass die Schlussfeier in der Peterskirche sowohl afrikanisch gestaltet wie geleitet war. Drei Chöre trommelten und sangen.

Die Bischöfe der Synode zogen zu den rhythmischen Liedern tanzend in die Kirche ein und im Lauf des Gottesdienstes erfasste eure afrikanische Lebens- und Glaubensfreude das ganze Volk, das wie ein Ährenfeld im Wind singend hin und her wogte.
Myrrhe steht nicht für Leiden, sondern für Schönheit und Wohlgeruch, für den Duft der Weisheit, für den Zauber des Lebens und der Liebe. Weiser junger Freund aus Afrika, lass uns mit Blick auf dich und deine Gabe an der Krippe dankbar an all das denken, was unserem eigenen Leben Zauber, Schönheit und Vitalität verleiht. Rufe uns in Erinnerung, dass das Kind von Betlehem nicht kam, um zu sterben, sondern dafür, dass wir Menschen »das Leben haben und es in Fülle haben« (Johannes 10,10).

Freitag

Balthasar: das Leben schützen

Der Name, den die christliche Tradition dem dritten Weisen gab, könnte auf einen babylonischen Segenswunsch zurückgehen: Belsazar bedeutet, zunächst auf den König bezogen: »Gott schütze sein Leben«.

In unserer Tradition trägst du, Balthasar, asiatische Gesichtszüge. Damit vertrittst du den größten Kontinent, auf dem auch das »Morgenland« sowie Israel und Palästina liegen. Und das kostbare Geschenk, das du dem Kind darbringst, ist Weihrauch. Es passt zu deinem Erdteil, seinen Schätzen und seinen Religionen. Die Karawanenroute der »Weihrauchstraße« führte aus Oman nach Saba in Jemen und über Mekka und Medina in die jordanische Felsenstadt Petra, von wo die Nabatäer kostbare Güter nordwärts nach Damaskus und durch den Sinai nach Gaza bringen ließen. Dort übernahmen die Schiffe den Weihrauch von den Dromedaren und exportierten ihn auch nach Europa.
Du könntest uns schildern, wie die duftenden Körner in deinem Gefäß vom Harz des Weihrauchbaumes gewonnen werden. Getrocknet und auf Glut verglühend, lässt das goldfarbene Harz einen aromatischen Rauch entstehen, der weiß zum Himmel aufsteigt. Von alters her dient dieser in der Naturmedizin deiner Heimat als reinigendes Mittel, das desinfizierend wirkt und Entzündungen hemmt. Seit dem 5. Jahrhundert v. Chr. setzten auch die Römer den duften-

den Weihrauch kultisch ein. Zur Zeit von Kaiser Augustus importierten sie gar die halbe Jahresproduktion von bis zu 3000 Tonnen und nannten das Herkunftsgebiet des kostbaren Harzes »Arabia felix«.
Das ferne Asien hat sich uns heute mit seinen hinduistischen und buddhistischen Tempeln eingeprägt, in denen kostbares Räucherwerk seine Düfte verbreitet. Unsichtbar und riechbar, weisen diese Gerüche sinnlich und tiefsinnig auf die höhere und tiefere Dimension des Lebens hin. Auch das Göttliche selbst entzieht sich den Augen und ist doch unsichtbar wahrzunehmen. Das Zweite Vatikanische Konzil hält in seiner Erklärung über die anderen Religionen fest, wozu sich die Kirche von asiatischen Religionen ermutigen lassen kann:

»So erforschen im Hinduismus die Menschen das göttliche Geheimnis und bringen es in einem unerschöpflichen Reichtum von Mythen und in tiefdringenden philosophischen Versuchen zum Ausdruck und suchen durch aszetische Lebensformen oder tiefe Meditation oder liebend-vertrauende Zuflucht zu Gott Befreiung von der Enge und Beschränktheit unserer Lage. In den verschiedenen Formen des Buddhismus wird das radikale Ungenügen der veränderlichen Welt anerkannt und ein Weg gelehrt, auf dem die Menschen mit frommem und vertrauendem Sinn entweder den Zustand vollkommener Befreiung zu erreichen oder – sei es durch eigene Bemühung, sei es vermittels höherer Hilfe – zur höchsten Erleuchtung zu gelangen vermögen ... Die katholische Kirche lehnt nichts von alledem ab, was in diesen Religionen wahr und heilig ist. Mit aufrichtigem Ernst betrachtet sie jene Handlungs- und Lebensweisen, jene Vorschriften und Lehren, die … einen Strahl jener Wahrheit erkennen lassen, die alle Menschen erleuchtet.«[21]

Weiser aus Asien: Die Öffnung, welche die katholische Kirche 1965 zu den Religionen der Welt vollzog, wirkte sich in den folgenden Jahrzehnten auf allen Ebenen aus. Buddhistische Meditationsformen fanden Eingang in westliche Klöster. Christliche Meditationslehrer ließen sich in indischen Ashrams ausbilden. Bei Vortragstouren des Dalai Lama in Europa füllen sich Hallen auch mit Gläubigen aus den Kirchen. In den interreligiösen Friedenstreffen, zu denen Päpste wiederholt ins italienische Assisi laden, leuchten die gelben und orangen Kleider fernöstlicher Mönche im Weiß, Grau und Schwarz der abrahamitischen Religionen. In der jährlich in Schweizer Städten gestalteten »Woche der Religionen« haben sich gemeinsame Podien und Feiern über den jüdisch-christlich-islamischen Dialog hinaus auf die asiatischen Weltreligionen erweitert. Du stehst in unseren Krippen für die unermesslich weite Welt Asiens. Wie gut, dass die spirituelle Weisheit deines Kontinents auch für uns im Abendland fruchtbar wird.

Die im Februar 2019 unterzeichnete christlich-islamische Erklärung von Abu Dhabi hält zum Austausch zwischen östlichen und westlichen Religionen und Kulturen fest: »Es ist unbestreitbar, dass der Westen und der Osten notwendig aufeinander angewiesen sind« und »sich gegenseitig durch den Austausch und den Dialog der Kulturen bereichern. Der Westen könnte in der Kultur des Ostens Heilmittel für einige seiner geistigen und religiösen Krankheiten finden, die von der Vorherrschaft des Materialismus hervorgerufen wurden. Und der Osten könnte in der Kultur des Westens viele hilfreiche Elemente finden, um sich aus Schwäche, Spaltung, Konflikten und wissenschaftlichem, technischem und kulturellem Abstieg zu retten. Es ist wichtig, den religiösen, kulturellen und historischen Unterschieden Aufmerksamkeit zu schenken, die ein wesentlicher Bestandteil in der Bildung der Persönlichkeit, der Kultur und der Zivilisation des Ostens sind. Ebenso wichtig ist es, die gemeinsamen allgemeinen Menschenrechte zu festigen. Beides trägt dazu bei, dass ein würdiges Leben für alle Menschen im Westen und im Osten gewährleistet ist.«

Der höchste Lehrer des sunnitischen Islam, aus Nordafrika angereist, und der prominenteste Vertreter der Christenheit, ein Lateinamerikaner und aus Europa angereist, unterstrichen in Abu Dhabi, welchen Beitrag die Religionen für die Zukunft der Welt leisten: »Es ist unsere feste Überzeugung, dass die wahren Lehren der Religionen dazu einladen, in den Werten des Friedens verankert zu bleiben. Sie regen dazu an, die Werte des gegenseitigen Kennens, der *Geschwisterlichkeit aller Menschen* und des Zusammenlebens aller hochzuhalten. Sie wirken darauf hin, dass Weisheit, Gerechtigkeit und Nächstenliebe erstarken, und sie erwecken den Sinn für Religiosität unter den jungen Menschen. Sie schützen die neuen Generationen vor der Vorherrschaft des materialistischen Denkens, vor politisch gefährlicher Gier nach maßlosem Gewinn und vor Gleichgültigkeit, die alle auf dem Recht der Stärke und nicht auf der Stärke des Rechts gründen. Die Freiheit ist ein Recht jedes Menschen. Jede Person genießt Bekenntnis-, Gedanken-, Meinungs- und Handlungsfreiheit. Pluralismus und Verschiedenheit in Religion, Hautfarbe, Geschlecht, Ethnie und Sprache entsprechen einem weisen göttlichen Willen, mit dem Gott die Menschen erschaffen hat ... Die Gerechtigkeit, die auf der Barmherzigkeit gründet, ist der einzig gangbare Weg, um zu einem Leben in Würde zu gelangen, auf das jeder Mensch Anspruch hat. Der Dialog, die Verständigung, die Verbreitung einer Kultur der Toleranz, der Annahme des Anderen und des Zusammenlebens unter den Menschen würden beträchtlich dazu beitragen, viele wirtschaftliche, soziale, politische und umweltbezogene Probleme zu verringern, die einem großen Teil der Menschheit zusetzen.«[22]

Auch die Friedenstreffen aller bedeutenden Religionen in Assisi machen seit 1986 deutlich, was dein Name, Balthasar, als kurzes Credo beinhaltet und was jede Religion auf ihre Weise bekennt: »Gott schützt das Leben« – und zwar nicht nur das von Königen und Mächtigen, sondern jedes Menschen. Das Kind, dem du den Weihrauch in Betlehem geschenkt hast, radikalisiert diese Aussage: Der christliche Gott legt sich selbst im Sohn verletzlich und schutzlos, »am Weg geboren«[23], einem Arbeiter und seiner jungen Ehefrau in die Arme. Seine Art, sich für den Schutz und ein befreites Leben jedes Menschen einzusetzen, ist göttliche Solidarität auf Augenhöhe und menschliche Gefährtenschaft.

Samstag
Der Stern am Himmel und Licht in einer Höhle

Die Sterndeuter, die in ihrer Heimat Herrscher berieten, handelten in Israel zunächst nach der Logik der Macht. In Jerusalem wandten sie sich an Herodes und fragten nach »dem neugeborenen König der Juden«. Der Herrscher Israels »erschrak, ließ alle Hohepriester und Schriftgelehrten aus dem Volk zusammenkommen« und machte sich selber kundig, »wo der Messias geboren werden solle«. Danach sandte er die Ankömmlinge nach Betlehem. »Und der Stern, den sie hatten aufgehen sehen, zog vor ihnen her bis zu dem Ort, wo das Kind war; dort blieb er stehen. Als sie den Stern stillstehen sahen, wurden sie von übergroßer Freude erfüllt« (Matthäus 1,9).

Der evangelische Religionswissenschaftler Georg Schmid, der viele Jahre lang die Infostelle der reformierten Zürcher Landeskirche zu Religionen, Kirchen und Sekten leitete, schrieb 1989 das folgende Lied auf die Menschwerdung Gottes. Es zeigt in poetischer Dichte auf, wie sehr die Logik der Macht durch eine Liebe entkräftet wird, die Augenhöhe sucht[24]:

Gott aus Gott und Licht aus Licht,
Feuer, das aus Feuer bricht,
Ewigkeit, noch nie erkannt,
Himmel, der zur Erde fand.

Licht, das sich den Hirten zeigt,
Wort, das in Palästen schweigt,
Macht, die unsre Ohnmacht sieht,
Gott, der seine Himmel flieht.

Kind, von dem die Mutter singt,
Leben, das uns Leben bringt,
Frucht, die in der Erde reift,
Geist, der unsern Geist ergreift.

Kind, das in der Krippe liegt,
König, der sich selbst besiegt,
Wind, der durch die Herzen weht,
Leben, das aus Gott entsteht.

Friede, den kein Sturm zerstört,
Wort, das unsre Worte hört,
Wahrheit, die an Blinde denkt,
Liebe, die sich selbst verschenkt.

Himmel, der die Erde liebt,
Liebe, die dem Feind vergibt,
Feuer, das für alle brennt,
Gott, der keine Grenzen kennt.

Lobt die Macht, die sich verneigt.
Lobt den Himmel, der nicht schweigt.
Lobt das Licht, in uns entfacht,
Licht aus Licht in unsre Nacht.

Dritte Woche

Auf dem Weg mit Engeln

Sonntag
Flügelwesen vor dem Paradies: Leben kennt kein Zurück

Bevor uns nächsten Sonntag Hirten erwarten, lassen wir in dieser dritten Adventwoche Engel zu uns sprechen. Sie machen in den Weihnachtserzählungen deutlich, wie der Himmel handelt und welche Wege er wählt, um Licht in die Welt zu bringen. Immer wieder sind es Dienstboten Gottes – griechisch *angeloi* und deutsch »Engel« –, die aktiv werden. Lange bevor sich Gabriel nach Nazaret aufmacht, setzt Gott durch seine Boten markante Zeichen in Israels langer Geschichte. Engel stehen für eine leise und feine Art des Himmels, sich auf Erden zu engagieren. Die ersten Flügelwesen in der jüdischen Bibel stehen jedoch für eine immer wieder spürbare Distanz und für eine Grundwahrheit menschlicher Existenz: Gott entzieht sich menschlicher Freiheit, und der Lauf des Lebens kennt kein Zurück. Johannes verbindet den Anfang der Welt tiefsinnig mit der Geburt Jesu (Johannesevangelium 1).

Die ersten Seiten der Bibel setzen mit zwei unterschiedlichen Schöpfungsberichten ein: Der erste von ihnen ist der jüngere und schildert, wie die geschaffene Welt schrittweise in ihre Harmonie findet. Licht und Finsternis gelangen in den Rhythmus von Nacht und Tag. Aus dem Urmeer entsteht fruchtbares Land, auf dem Pflanzen sprießen. Sonne und Mond führen zum Rhythmus der Monate und Jahreszeiten, die das Leben gedeihen lassen. In Luft, Erde und Meer entstehen höhere Tiere. Im Laufe dieser poetisch verdichteten Evolution entsteht am Ende auch der Mensch, der im Zusammenspiel von Frau und Mann ein Bild seines Schöpfers ist. Den Menschen wird die Erde mit ihrem Leben anvertraut, auf dass sie diese mit ihrer Phantasie weiter gestalten (Genesis 1).

Ebenso wie dieser erste Schöpfungsbericht will ein zweiter nicht das Entstehen der Welt selbst beschreiben, sondern Stellung und Aufgabe des Menschen in dieser Schöpfung verdeutlichen. Es geht den biblischen Verfassern nicht um Naturwissenschaft, sondern um Gott und Menschen, Theologie und Ethik, Weisheit und gelingendes Leben. Der zweite Schöpfungsbericht ist der ältere und erzählt, wie die Welt aus einer Wüste geschaffen wird. Der Schöpfer tritt darin als Künstler und Handwerker, Töpfer, Gärtner und Schneider auf. Zunächst wird der Mensch von Gott eigenhändig aus Tonerde geformt und mit dem eigenen Atem belebt. Dann bepflanzt der Schöpfer die Erde und verwandelt die Wüste zu einem Garten, der von vier Flüssen bewässert wird. Dem Menschen wird der Garten anvertraut. Um ihn noch glücklicher zu machen, »formte Gott aus dem Ackerboden alle Tiere des Feldes und alle Vögel des Himmels und führte sie dem Menschen zu, um zu sehen, wie er sie benennen würde«. Die Erzählung drückt größte Vertrautheit und Nähe zwischen Mensch und Gott aus, wobei der Schöpfer den Menschen auch mit größter Freiheit ausstattet: Indem der Mensch alle Wesen, Pflanzen und Tiere benennt, macht er sich die Geschöpfe vertraut – wie ein Gärtner jede seiner Pflanzen und ein Hirte seine Tiere beim Namen kennt. Um das Glück des Menschen vollkommen zu machen, wird Gott zum

Chirurgen und schafft die innige Gemeinschaft von Frau und Mann (Genesis 2).

Das nächste Kapitel im Buch Genesis schildert den »Fall des Menschen«. Sowohl die Beziehung zum Schöpfer wie die zur Schöpfung erleiden eine Entfremdung, indem die ersten Menschen ihre Freiheit egozentrisch missbrauchen. Wehmut und Sehnsucht nach einem ungetrübten Miteinander und Zusammenspiel von Gott und Menschen klingt in den Zeilen mit, die auf den »Verlust des Paradieses« zurückschauen: »Gott, der Ewige, fertigte Adam und seiner Frau Gewänder aus Fellen und bekleidete sie damit ... Und er schickte die Menschen aus dem Garten Eden fort, damit sie auf dem Acker arbeiteten, von dem ihr Leib stammte ... Im Osten des Gartens ließ Gott die Keruben lagern und stellte das lodernde Flammenschwert hinzu als Wache auf dem Weg zum Baum des Lebens« (Genesis 3).

Die uralte Geschichte handelt auch in dieser Fortsetzung von der Beziehung zwischen den Menschen, der Schöpfung und ihrem Gott. Das Bild vom Paradiesgarten spiegelt menschliche Sehnsucht nach Lebensfülle und sorgenlosem Dasein, ewigem Leben, harmonischen Beziehungen zwischen allen Geschöpfen im »Haus des Lebens« und erfahrbarer Gottesnähe. Die Keruben sind Wächterfiguren, die sich altorientalische Kulturen als Flügelwesen vorstellten. In Assur und Babylon bewachten sie den Zugang zu Palästen, im salomonischen Tempel standen fünf Meter hohe Keruben aus Olivenholz, die mit ihren Flügeln den Thron Gottes bildeten. Israel drückt mit den Keruben vor dem Paradies eine Distanz aus, die zwischen der menschlichen Lebenswelt und Gott, zwischen vergänglichem Dasein und ewigem Leben erfahrbar ist.

Die wahrgenommene Distanz verbindet sich mit der Erfahrung, dass der Lauf des Lebens kein Zurück kennt. Jugendliche lassen ihre Kindheit ein für allemal zurück und Erwachsene die Jugend. Verhalten Erwachsene sich wie Kinder, wirken sie schnell einmal kindisch. Betagte schauen auf »ihre besten Jahre« zurück, Altersweise auf reiche Erfahrungen und Sterbende auf ihr ganzes Leben. Auch der Alltag zeigt, dass es in vielem kein Zurück gibt: »Das ausgesprochene Wort, der abgeschossene Pfeil und die verpasste Gelegenheit kehren nie wieder«, sagt der Volksmund.

Weihnachten antwortet auf den »ersten Adam« mit einem »neuen Adam«. Nicht Sehnsucht nach einem verlorenen Paradies soll uns Menschen leiten, sondern Menschwerdung in den Spuren des Menschensohns: nicht in einer sorglosen, harmonischen und idealen, sondern in der realen Welt. Franziskanische Theologen sehen die Geburt Gottes auf Erden denn auch nicht als Folge des Sündenfalls und menschlicher Verirrung, sondern in Gottes eigener Sehnsucht begründet. So sieht etwa Johannes Duns Scotus den Schöpfer von Anfang an gewillt, in der »Fülle der Zeit« selber in die Schöpfung einzutreten: mit Leib und Seele, als Geschöpf. Warum? Weil Liebe Augenhöhe, Blickkontakt, erfahrbare Nähe und ganzheitliches Teilen sucht. Kein Zurück also, sondern eine Vorwärtsbewegung im gemeinsamen Weitergestalten der Welt und in vertiefter Vertrautheit ist das Ziel der Heilsgeschichte.

Keruben am Zugang zum Garten Eden, es ist das erste Mal, dass ich mit euch spreche: So exotisch mir Bilder von euch erscheinen, seien es europäische vom »Engel mit dem Flammenschwert«, seien es orientalische von Mischwesen mit menschlichen Gesichtern, löwenähnlichem Körper und weitgespannten Flügeln, so bildhaft steht ihr für Zugänge, über die wir Menschen nicht verfügen. So groß die Freiheit auch ist, die der Schöpfer uns Menschen gab, sie bestimmt nicht über seine Freiheit. Dafür steht ihr und erinnert uns an unverrückbare Grenzen: Unsere Freiheit ist begrenzt, wie es unsere Lebensdauer und die Reichweite unserer Macht sind.

Zugleich bin ich froh, dass ihr an Weihnachten Engeln Platz macht, die Himmel und Erde nicht trennen, sondern verbinden: Indem der Himmel auf die Erde kommt und indem Gott Mensch wird. Da erst entsteht eine Vertrautheit, von der die Genesis spricht: dass Schöpfer und Geschöpf sich in die Augen schauen können, einander sehen und hören, gemeinsame Wege gehen und die Welt miteinander zu einem Garten verwandeln.

Wie froh bin ich, übernächste Woche die Botschaft der Engel von Betlehem zu vernehmen: In Jesus legt sich Gott uns Menschen in die Arme und macht die vergängliche Erde zu seiner Lebenswelt. Und wie glücklich bin ich, dass sich die Botschaft der Engel von Betlehem mit jener der Engel am Ostermorgen verbindet: Nach 33 irdischen Lebensjahren öffnet der Gottessohn in seinem Sterben und Auferstehen den Weg auch für uns in die Welt des gemeinsamen Vaters.

Montag

Bileams Engel: eine Eselin mit Durchblick und ein blinder Seher[25]

In der Zeit von Israels Wüstenwanderung, kurz bevor die aus Ägypten kommenden Nomadenstämme in Kanaan sesshaft wurden, lebte ein Prophet namens Bileam am fernen Euphrat. Sein Weg und seine Prophezeiung inspirierten unverkennbar Matthäus zu seiner Weihnachtsschilderung. Wie die Weisen bricht auch der Seher aus dem Zweistromland nach Westen auf, und er erfährt unterwegs und dann am Jordan das überraschende Handeln Gottes. Die Verheißung, die er ausspricht, beginnt mit den Worten:

»Spruch Bileams, Beors Sohn,
Spruch des Mannes, dessen Auge geöffnet wurde,
Spruch dessen, der die Worte des Ewigen hört …:
Ich sehe ihn, aber nicht schon jetzt.
Ich erblicke ihn, aber noch nicht nahe:
Ein Stern geht in Jakob auf,
ein Zepter erhebt sich aus Israel …«
(Numeri 24,15–17)

Nicht das folgende Orakel, sondern das Verhalten des Engels in Bileams Geschichte soll uns vorerst interessieren. Israel lagert nach seinem langjährigen Wüstenmarsch bereits östlich von Jericho am Jordan. Der lokale Herrscher der Moabiter fürchtet, dass »uns dieser Haufen ringsum alles abfressen wird, wie die Rinder auf den Weiden alles abgrasen«. König Balak ruft den Gottesmann Bileam aus Mesopotamien herbei, um die lagernden Stämme Israels zu verfluchen. Der Prophet hört die Stimme des einzigen Gottes am Euphrat und erfährt, dass Israel vom Höchsten selbst gesegnet sei, weshalb er es nicht verwünschen soll. Einer zweiten Gesandtschaft Balaks gelingt es jedoch, den Propheten mit »Silber und Gold« zu kaufen. Nachdem Bileam eine Nacht darüber geschlafen hatte, »stand er am Morgen auf, sattelte seine Eselin und ging mit den Hofleuten von Moab. Aber Gott wurde zornig, weil Bileam mitging, und der Engel des Herrn kam und versperrte Bileam den Weg, als er »begleitet von zwei jungen Männern auf seiner Eselin daherritt. Die Eselin sah Gottes Engel mitten auf dem Weg stehen, das Schwert gezückt in der Hand, und sie verließ den Pfad und wich ins Feld aus. Da schlug Bileam sie, um sie auf den Weg zurück zu zwingen. Darauf stellte sich der Engel auf den engen Pfad, der zwischen Weinbergen eingemauert war. Als die Eselin den Engel des Herrn sah, drückte sie sich die Steinmauer entlang. Bileam schürfte sein Bein an der Mauer und schlug das Reittier erneut. Der Engel Gottes stellte sich daraufhin in einen Engpass, der weder rechts noch links ein Ausweichen zuließ. Als die Eselin den Engel des Herrn sah, ging sie unter Bileam in die Knie. Er aber hieb wutschnaubend mit dem Stock auf sie ein. Da öffnete Gott der Eselin den Mund … und er öffnete Bileam die Augen. Nun sah er den Engel Gottes auf dem Weg stehen«, erschrak und fiel vor dem Boten auf die Erde nieder. Der Engel sprach: »Ich bin dir feindlich in den Weg getreten, weil mir der Weg, den du gehst, zu abschüssig ist. Die Eselin hat mich gesehen!« Der Engel teilte Bileam darauf den Auftrag Gottes mit und ließ ihn mit den Gesandten nach Moab ziehen. Dort erwies er sich als unbestechlicher Prophet Jahwes, der das Volk Israel segnet und ihm eine große Zukunft verheißt (Numeri 22–24).

Dein Verhalten, Engel Bileams, geht weit über die christliche Vorstellung von Schutzengeln hinaus. Du nimmst dir einen bestechlichen Gottesmann vor. Selbst Propheten, die Gottes Stimme unmittelbar hören, können über Eigeninteressen stolpern! Das lässt aufhorchen! Eure Geschichte handelt von Religion, die sich staatlich vereinnahmen lässt, von nahezu magischen Vorstellungen von Fluch und Segen und von menschlichen Sehern, die weniger sehen als Tiere! Und doch schwingt auch viel Ermutigendes in dieser Geschichte mit: Der Gott des Himmels engagiert sich auf Erden, sucht dazu das Zusammenspiel mit Menschen, inspiriert und zeigt dabei viel Geduld. Die Prophet erfährt über viel Nachsicht hinaus auch Hilfestellungen, die ihn auf den gottgefälligen Weg bringen und zum Segen für andere werden lassen: Dazu verhilft ihm zunächst die ebenso robuste wie sensible »Eselin mit Durchblick«, dann auch dein dreimaliges Bemühen, einen »allzu abschüssigen« Weg zu versperren, und schließlich Gott selbst, der Bileam die Augen und das Herz öffnet.
Klarheit entsteht etappenweise und führt dazu, dass der Prophet dann profiliert gegen alle Forderungen und Einflussnahmen des Königs handelt und beherzt für das migrierende Volk einsteht. Solche Engel und

Propheten sind auch heute gefragt – mit Blick auf respektlose Machthaber, eigenmächtige Gottesmänner, heimatlose Menschen unterwegs und überall da, wo wir »allzu abschüssige Wege« gehen.

Bileams Orakel, das angesichts der militanten Drohgebärden Moabs äußerst gewalttätig weitergeht, indem der angekündigte König den Nachbarvölkern »die Schläfen und den Schädel zerschlägt« und Israels Feinde vernichtet, wird von Israel später auf David bezogen. Nach dem Exil erhält das Prophetenwort messianische Bedeutung. Der künftige Messias soll Israel auch politisch wieder groß und zum Schrecken der Völker machen. Solche Erwartungen an den gottgesandten Erlöser werden von Jesus gründlich korrigiert. Sein Kommen verheißt nicht den Sieg Israels über seine Gegner und den Aufstieg zu einem mächtigen Königreich, sondern »Frieden allen Menschen« (Lukas 2,14).

Dienstag

Elia in der Wüste: Engel richten Menschen auf

Der Prophet Bileam brauchte einen Engel, der ihn von einem verderblichen Unterfangen abhielt und der ihn auf den Weg brachte, der Gott gefällt und Menschen zum Segen wird.

Der größte Prophet in Israels Geschichte braucht einen Engel, der ihn, erschöpft, entmutigt und lebensmüde, neu aufrichtet, stärkt und wieder auf den Weg bringt. Diese zweite Geschichte steht im Buch der Könige und spielt in der Regierungszeit des Königs Ahab gegen 851 v. Chr. Elia wirkt als Wanderprophet und sein Name ist Programm: *Eli-jahu* – »mein Gott ist Jahwe«. Leidenschaftlich tritt er für den einen und einzigen Gott ein, den Schöpfer des Himmels und der Erde, den Gott Israels und den Richter, der die Rechte der Landbevölkerung vor der Willkür der Herrschenden schützt (1 Könige 17–21). Mit seinem religiösen und sozialen Engagement provoziert der Prophet jedoch die Königin Isebel, eine Phönizierin und Ahabs Gattin. Sie wirbt erfolgreich für Polytheismus in Israel und bedroht Elia mit Mordplänen. Der Prophet flieht überstürzt aus dem Nordreich und wandert weit in den Süden. In die lebensfeindliche Wüste Negev gelangt, lässt sich der Gottesmann unter einen Wacholderbaum fallen. Er sieht seine Mission gescheitert, Gott fern und seine eigene Kraft am Ende. In dieser Situation greift Jahwe mit einem Engel ein – und tut es ebenso sanft wie wirkungsvoll.

Das Buch der Könige schildert, wie der Erschöpfte sich in der fremden Wüste in den kargen Schatten eines Wacholders fallen ließ und lebensmüde sterben wollte: »Es ist genug! So nimm nun, Ewiger, meine Seele, denn ich bin nicht besser als meine Väter!« Wie er sich hinlegte und eine Zeit lang schlief, neigte sich ein Engel leise über den Propheten, »rührte ihn an und sprach zu ihm: ›Steh auf und iss!‹ – Und Elia sah sich um, und siehe, zu seinen Häupten lag ein frisch gebackenes Brot und stand ein Krug mit Wasser im Sand.« Der Engel handelte mit mütterlicher Sorge, tatkräftig und ohne viele Worte. Der Prophet aß und trank – »und legte sich wieder schlafen«. Und der Engel ließ ihn auch schlafend wieder Kraft schöpfen! Dann näherte er sich ein zweites Mal, »rührte ihn an und sprach: ›Steh auf und iss, denn du hast einen weiten Weg vor dir!‹«

Wie in Bileams Geschichte sorgt eine mehrmalige Intervention, erneut leise und geduldig, für eine gute Wende. Diesmal muss der Engel nicht Einhalt gebieten, sondern aufrichten und für den weiteren Weg stärken. »Und Elia stand auf und aß und trank und ging durch die Kraft der Speise vierzig Tage und vierzig Nächte bis zum Berg Gottes, dem Horeb« (1 Könige 19). Der biblische Erzähler unterstreicht mit fünf »und« in einem Satz die Dynamik, die aus dieser Zuwendung des Engels entsteht, und die neue Vitalität, die im Propheten erwacht.

Tatsächlich nimmt Elia seinen Auftrag dann mit neuer Kraft und Entschlossenheit wieder wahr: Er kehrt zurück, führt sein Volk durch eine Zeit der Reinigung, sorgt für neue Könige in Israel und in Syrien und bereitet seinen Schüler Elischa auf die Nachfolge vor. Die Klarheit dazu vermittelt ihm eine Erscheinung am Berg Horeb, Ort des Bundesschlusses an der Südspitze der Sinaihalbinsel: Dort zeigt sich Gottes Zuwendung nicht mehr durch einen Engel, sondern persönlich wie einst Mose gegenüber. Ein Sturm, ein Erdbeben und eine Feuersbrunst gehen der Begegnung voraus, die sich dann jedoch leise wie das Säuseln des Windes ereignet. »Epiphanie« nennt die Bibel solche Erfahrungen. In der Geburt Jesu wird Gottes »Erscheinen« personaler, sichtbarer, hörbarer, greifbarer denn je: als Gottessohn und Menschensohn unter Menschen!

Deine leise Sorge, Engel Elias, sie passt zum Weg von Maria und Josef durch das karge Bergland von Samarien und die wasserarme Wüste Juda. Es fällt nicht schwer, uns die Strapazen der beiden unterwegs vorzustellen. In den letzten Wochen ihrer Schwangerschaft dürfte auch Maria da an den Rand ihrer Kräfte gekommen sein. Wenn der Erzengel Gabriel sie neun Monate zuvor für das beherzte Mitwirken in Gottes Plan der Menschwerdung gewann, durfte sie gewiss damit rechnen, Gottes Sorge und Unterstützung auch jetzt, auf dem Weg, zu erfahren.
Als ich selber vor drei Jahren auf dem Jesus-Trail vom See Genesaret nach Nazaret und auf dem Nativity-Trail von da südwärts unterwegs war, hat unser Grüppchen auch menschliche Engel erlebt. Tatsächlich nennen sich meist jüdische Einheimische, die unkompliziert Gastfreundschaft bieten, »trail angels«. Ähnliches erlebten wir von islamischen Gastgebern auf dem weiteren Weg durch Palästina, wobei hier

Abraham und Sara das Vorbild der Gastfreundschaft sind. Auch Menschen können wie du mit offenen Augen sehen, wo körperlich oder seelisch Erschöpfte aufzurichten sind, und mit sorgsamen Händen tun, was Kraftlose stärkt. Oft reichen leise Zeichen und Alltägliches – wie frisches Brot und klares Wasser, sei es für den Leib, sei es für die Seele.

Mittwoch
Raphael und Tobias: Engel begleiten Menschen

Begegnen die Engel in Bileams und Elias Weggeschichten einmalig, richtungsweisend und ermutigend, erfährt eine dritte biblische Gestalt einen Engel, der ihren Weg über einen längeren Zeitraum sorgsam begleitet. Die Geschichte wird im Buch Tobit ausführlich erzählt. Es handelt sich um eine Lehrerzählung und bereits der Name des Buches ist Programm: Tobit ist wie andere hebräische Namen ein Glaubensbekenntnis und bedeutet »Der lebendige Gott ist gut«.

Die Geschichte blendet in die Zeit, als das Nordreich Israel von den Assyrern erobert wurde. Das bedeutete, dass zwischen 732 und 722 v. Chr. auch der Stamm Naftali aus der Heimat nach Ninive ins Exil verschleppt wurde. Dort findet der gerechte Jude Tobit das Vertrauen des Königs und wird mit Logistikaufgaben am Hofe betraut. Auf einer seiner Einkaufsreisen hinterlegt er in der medischen Stadt Rages zehn Talente Silber, rund 400 kg, doch hindern ihn bald ausbrechende Unruhen im Assyrerreich, diese abzuholen. Unter der Terrorherrschaft des neuen Königs zeigt Tobit sein tatkräftiges Mitgefühl. Weil er hingerichtete Juden bestattet, wird er selbst verfolgt und muss fliehen. Nach einem weiteren Herrschaftswechsel zurückgekehrt, erblindet der Familienvater durch Vogelkot. Der Unfall stürzt auch seine Frau und seinen Sohn Tobias in eine verzweifelte Situation. Weit weg von Ninive verzweifelt in Medien auch eine junge Jüdin.

Sara hat bereits sieben Männer geheiratet und keiner von ihnen hat die Hochzeitsnacht überlebt. Als Mörderin beschimpft, fleht auch sie in ihrer Not zu Gott. Jahwe beschließt, einen seiner sieben höchsten Engel auf den Weg zu schicken, um gleich beiden familiären Notlagen zu begegnen. Es handelt sich um Rafael, einen der Erzengel, dessen Name eine Verheißung ist: das hebräische *rafa-el* bedeutet »Gott heilt«.

Der blinde Tobit erinnert sich an den Silberschatz in Medien und schickt seinen jungen Sohn Tobias auf den Weg dahin. Dafür wird ein erfahrener Wegbegleiter angeworben, der sich als Asarja vorstellt, in dessen Person sich jedoch Rafael selbst eine menschliche Erscheinung gibt (Tobit 4–5). Die zwei Gefährten gelangen an den Fluss Tigris, wo sie lagern und Tobias beim Baden beinahe von einem großen Fisch in die Tiefe gezogen wird. Rafael warnt ihn rechtzeitig, heißt ihn den Fisch ans Ufer werfen und lässt den Jungen Herz, Leber und Galle des Fangs herausschneiden, weil sie medizinische Wundermittel sind. Den Fisch braten und essen sie gemeinsam.

Auf der Weiterreise weiht Rafael seinen Gefährten in einen klugen Plan ein: Er kenne in der Stadt Raguel eine Tobias verwandte jüdische Familie mit einer einzigen Tochter und einem großen Erbe. Wenn es ihm gelinge, Sara zur Frau zu gewinnen, seien alle finanziellen Nöte seiner eigenen Familie gelöst. »Das Mädchen ist schön und klug.« Der Plan gelingt, das junge Paar findet dank Rafaels Regie schnell zusammen, Saras Familie ist tief beglückt und Tobias übersteht die Brautnacht, weil der Verbrennungsgeruch von Herz und Leber des Fisches den tückischen Dämon vertreibt. Während des zweiwöchigen Hochzeitsfestes holt Rafael mit einem Diener und zwei Kamelen das Silber in Rages ab (Tobit 6–9). Mit Sara, dem Silber und dem halben Vermögen der Schwiegereltern geht die Reise zurück nach Ninive. Rafael begleitet das Paar und instruiert Tobias vor der Ankunft: Wenn er seinem Vater die Galle des Fisches in die Augen streiche, erhalte dieser die Sehkraft zurück. Das Wiedersehen endet in einem zweiten Hochzeitsfest, mit dem Sara in die neue Familie aufgenommen wird (Tobit 10–11).

Darauf will der glückliche Ehemann seinem treuen Reisebegleiter die Hälfte des Mitgebrachten als Lohn auszahlen und sagt seinem Vater: »Er hat mich gesund zu dir zurückgebracht, er hat meine Frau geheilt, er hat das Geld abgeholt, und auch dich hat er geheilt.« Nun offenbart Rafael sich Tobit: »Als ihr zu Gott flehtet, du und deine Schwiegertochter Sara, da habe ich eure Gebete vor Gott gebracht. Auch war ich in deiner Nähe, als du die Toten begraben hast ... Dann hat Gott mich gesandt, dich und deine Schwiegertochter Sara zu heilen. Ich bin Rafael, einer von den sieben heiligen Engeln, die das Gebet der Heiligen in den Himmel tragen und mit ihm vor die Majestät des lebendigen Gottes treten.« Als Vater und Sohn darüber erschraken, fuhr der Engel fort: »Weil unser Gott es wollte, bin ich zu euch gekommen. Darum preist ihn in Ewigkeit! Während der ganzen Zeit ... habt ihr nur eine Erscheinung gesehen! Jetzt aber dankt Gott! Ich steige wieder auf zu dem, der mich gesandt hat« (Tobit 12).

Lieber Rafael, die Erzählung über deine engagierte Weggefährtenschaft ist nicht nur die längste, sondern auch die schönste Engelserzählung der ganzen Bibel. Israel hat erst aus der Erfahrung des babylonischen Exils begonnen, seinen Himmel mit Engeln bevölkert zu sehen. Wenn der einzige Gott, Jahwe, der Gott des Lebens und der Liebe ist, dann muss auch die himmlische Welt eine gemeinschaftliche Welt voller Leben sein!
In der Erzählung entrückt »die Majestät Gottes« dabei etwas, ähnlich wie das mit irdischen Herrschern am Hof der assyrischen, babylonischen und persischen Könige oder des Pharaos von Ägypten geschah. Wir dürfen davon ausgehen, dass unsere Gebete ohne himmlische Boten ankommen. Was durch dein Bild jedoch deutlich wird: Gott hat uns Menschen im Blick, wünscht und eröffnet Lösungen aus Notlagen, lässt Lebensgeschichten gelingen und erweist sich, wie es dein und Tobits Namen besagen, als heilsam, lebendig und gut. Manche Christinnen und Christen sehen dich als Urbild ihres Schutzengels, der unsichtbar und doch erfahrbar den ganzen Lebensweg mitgeht. Ich persönlich vertraue darauf, dass Gott selbst uns mit seiner Geistkraft begleitet, unsichtbar und doch erfahrbar – das Göttliche, das in der Seele jedes Menschen wohnt.
Ein ganz eigenes »Crescendo« verbindet deine Geschichte auch mit Weihnachten: Dein Mitgehen als Himmelsbote in menschlicher Gestalt war nach deinen Worten »nur eine Erscheinung«. Im Kind von Betlehem geht Gott höchstselbst mit uns Menschen auf den Weg – menschlich, mit Leib und Seele, und darin keine Erscheinung.

Donnerstag
Der Engel Gabriel in Nazaret: Menschen gewinnen

Die drei ausgewählten Engelsgeschichten aus der Bibel Israels treten je auf eigene Weise mit den Weihnachtserzählungen der Evangelien ins Gespräch. Rafael wird aufs engste mit Gabriel verbunden:[26] Beide werden als Erzengel betrachtet und sind damit Gesandte, die Gott besonders nahestehen. Während Gabriel Maria für eine einzigartige Mutterschaft gewinnt und auf einen intimen Weg mit Gott vorbereitet, bereitete Rafael der überraschenden Ehe zwischen Tobias und Sara den Weg – und ging den Weg des jungen Paares auch sorgsam mit. Engel können hilfreich, gewinnend, befreiend, heilend und wegweisend sein.

Deine Begegnung mit Maria in Nazaret, Gabriel, sagt einiges über Gott und seinen Umgang mit uns Menschen aus. Dabei bestätigt und steigert sich, was der jüdische Glaube in Erzählungen des Ersten Testaments ausdrückt. Einige von ihnen schildern Gott als Werbenden. Der Prophet Hosea stellt Jahwe sogar als Liebhaber vor, der leidenschaftlich um sein Volk wie um eine Liebste wirbt (Hosea 2). Im letzten Teil dieses Prophetenbuches spricht Gott als Mutter, die ihren Sohn auch dann liebt, wenn er sich abwendet und sie vergisst, anders als Väter es tun könnten: »Denn ich bin Gott und kein Mann« (Hosea 11). In deiner Begegnung mit Maria wirbt Gott nicht kollektiv um sein Volk, sondern liebend um eine junge

Frau: Sorgsam soll sie dafür gewonnen werden, Mutter des Gottessohnes zu werden! Eine innige Verbindung, gemeinsame Wege und Mutterschaft entfalten hier neu und einzigartig eine Liebesgeschichte zwischen Gott und einer Frau.
Der Kirchenvater Johannes von Damaskus nennt Maria eine Schwester des Glaubens. Damit macht er deutlich, dass Marias Weg nicht exklusiv zu verstehen ist, sondern allen Gläubigen modellhaft vor Augen steht. Gott wirbt um jeden Menschen. Jesus wird dies in seinem Umgang mit unterschiedlichsten Personen verdeutlichen. Jünger wie Johannes und eine Freundin wie Maria von Magdala stehen beispielhaft für die Tiefe und die Innigkeit, die der gemeinsame Weg dabei finden kann. Mystiker und Mystikerinnen aller Zeiten bestätigen die Wahrheit, dass Gottes Werben keine Grenzen kennt.

Liebe sucht Augenhöhe. Gabriels Begegnung mit Maria in Nazaret drückt dies aus. Und Liebe befiehlt nicht. Tritt Gott in Geschichten der hebräischen Bibel öfter auch herrschaftlich und gebietend auf, nähert er sich hier durch einen Boten und sucht das Ja einer jungen Frau zu gewinnen. Und es geht um weit mehr als eine Geschichte zu zweit – und zu dritt. Das Kind, das zur Welt kommen will, soll den Namen Jeschua erhalten. Der Name ist Verheißung und knüpft am Gottesnamen Ich-bin-da an, den Mose Israel in Ägypten offenbarte und der den Sinaibund besiegelte: Der hebräische Name Jesus bedeutet »Gottes befreiende Nähe«.

»Das alles ereignet sich, damit in Erfüllung geht, was Ich-bin-da durch den Propheten gesagt hat: Seht, die junge Frau wird ein Kind empfangen, einen Sohn wird sie gebären und er wird den Namen Immanuel bekommen, das heißt: ›Gott ist mit uns‹« (Matthäus 1,20–24). Maria gibt »Gott-in-uns« und »Gott-mit-uns« (Immanuel) besonderen Raum. Zuvor stellt sie jedoch realistische Fragen: Wie soll das geschehen? Und der Gottesbote nimmt ihre Fragen ernst – derart und so gewinnend, dass die junge Frau sich ganz auf Gottes ungewöhnlichen Plan und seine Überraschungen einlässt! Diesmal ist es Gottes Sohn selbst, der sich zum jungen Paar Maria und Josef gesellt – und in der Folge viele Menschen auf ihrem Weg begleitet: jeden und jene, die sich von Gott gewinnen lassen.

Freitag
Gabriel in Josefs Nächten: Menschen Klarheit schenken

Die Geschichten der beiden Erzengel – Raphaels Weg mit Tobias und Sara sowie Gabriels Begegnung mit Maria und deren Folgen – lassen sich verbinden: Sie handeln von einem überraschenden Zusammenspiel von Himmel und Erde und sie schildern Gefährtenschaft auf glücklichen Wegen, auf denen sich göttliches und menschliches Tun verbünden. Das Ringen des Engels mit Josef, der sich von Maria trennen wollte, erinnert auch an Bileams Engelerfahrung. Da wie dort geht es darum, dass ein gottgefälliger Mann keine falschen Entscheidungen trifft.

Gabriel, darf ich annehmen, dass du dich im Engel verbirgst, der sich nach dem erfolgreichen Werben um Maria auch ihres Liebsten annimmt? Der Evangelist nennt keinen Namen, doch wird sich Matthäus ja kaum vorstellen, dass Gottes Boten unterwegs zwischen Himmel und Erden einander kreuzen. Zudem bist du es, der zweimal dem biblischen Daniel erscheint, um auch ihm in Visionen »zum rechten Verständnis zu verhelfen« (Daniel 9,20–23). Josef wird nachts im Traum angesprochen. Schon Daniel hast du Klarheit in der Verwirrung geschenkt (Daniel 8,15–27).
Du machst auch Josef einiges klar. Ein Erstes: Menschliches Denken tut gut daran, die eigene Logik nicht als letzte Instanz zu betrachten. Gottes Handeln kann einer höheren Logik folgen. Dann nimmst

du Josef die Versuchung, an seiner Braut und ihrer Liebe zu zweifeln: Menschen stellen Beziehungen manchmal voreilig in Frage und trennen sich auch vorschnell. Schließlich machst du Josef deutlich, dass es eine falsche Selbstlosigkeit gibt: Dein Traum vom gemeinsamen Leben mit Maria, den du selbstlos opfern willst, hat unerwartet Zukunft! Auch Bileams Engel muss einen Mann auf den richtigen Weg zurückbringen, auf dem er dann mit neuer Klarheit tatkräftig handelt. Und Josef wird dies auch nach der Geburt Jesu tun, als Herodes' Machtwahn gefährlich wird und »ein Engel Gottes« ihm erneut in einem Traum zur Flucht nach Ägypten rät (Matthäus 2,13–15). Diese Flucht und Jahre im Exil sorgen dafür, dass Gottes Sohn »mit Migrationshintergrund« nach Nazaret kommt! Auch dafür erfährt Josef im Traum den richtigen Zeitpunkt (Matthäus 2,22–23).

Vermutlich können moderne Menschen in unserer rationalen Zeit kaum von Engelerscheinungen oder Engelsbotschaften in Träumen erzählen. Es gibt jedoch auch heute bewährte und inspirierende Wege, das eigene Leben und Tun in ein helleres Licht zu stellen. Träume verdienen es, sorgsam gelesen zu werden. Exerzitien, spirituelle Auszeiten und »geistliche Begleitung« sind Angebote der Seelsorge, im eigenen Alltag innezuhalten und seine Tiefendimension zu lesen. Alle drei Formen können ermöglichen, was die Geschichte vom österlichen Emmausweg ins Bild fasst: Zwei Menschen schauen auf das Geschehene zurück, stellen ihren Weg ins Licht Gottes und erkennen den tieferen Sinn des Erlebten. Sie hören auf die Stimme der Sehnsucht, können überraschende Durchblicke erfahren und gehen ihren Weg bestärkt weiter (Lukas 24,13–35). In Exerzitien, begleiteten Auszeiten und geistlicher Begleitung übernimmt eine kundige Seelsorgerin oder ein Seelsorger die Aufgabe des Zuhörens, Nachfragens und gemeinsamen Schauens. Die entscheidenden Erkenntnisse leuchten dabei im eigenen Innern auf: Klarheit und ein »brennendes Herz« durch den Dritten, der Emmauswege damals und heute unerkannt mitgeht, oder durch die göttliche Geistkraft, die in jedem Menschen wohnt – und die bisweilen auch durch Träume spricht.

Samstag
Engel über Betlehems Feldern: Highlights im Leben

Warum braucht es in der Weihnachtserzählung Engel? In Nazaret liegt Gabriels Aufgabe darin, Maria für Gottes ungewöhnliche Liebesgeschichte zu gewinnen und Josefs Liebesgeschichte zu retten. In Betlehem sind es Engel, welche das Zusammenkommen von Himmel und Erde sehen, besingen, verstehen und verkünden können (Lukas 2,8–15). Einer meiner Lehrer, der Bibliker Hermann-Josef Venetz, hält die Engel über Betlehems Hirtenfeldern aus menschlicher Sicht deswegen für notwendig, weil kein vernünftiger Erdenbürger von sich aus auf die Idee kommen könnte, dass Gott in prekären Verhältnissen Mensch wird. Gläubige Jüdinnen und Juden wüssten zwar aus ihren heiligen Schriften, dass Gott für entscheidende neue Schritte in der Geschichte mit seinem Volk immer wieder das Kleine und Unscheinbare wählt. Selbst David als größter der Könige wird als jüngster Hirtenjunge erwählt und gesalbt. Doch der Säugling eines jungen Paares, der, unterwegs geboren, bei einfachsten Leuten einen schützenden Ort findet, liegt fern aller Messiaserwartungen in einer Futterkrippe.[27]

Warst auch du es, Gabriel, der über Betlehems nächtlichen Hirtenfeldern erschien und Licht aufleuchten ließ? Wo dich dann viele Engel umscharten und deine Botschaft mit ihrem Gesang unterstrichen? Euer

Erscheinen wird im wahrsten Sinn des Wortes zum größten Highlight im Leben dieser Hirtinnen und Hirten! Dieses wird nicht dem Herrscher, den Hohepriestern und ihren theologischen Beratern zuteil: Sie hatten ihre fixen Vorstellungen davon, wie Gott zu handeln hat. Sie lasen viel, glaubten alles zu wissen und hockten unbeweglich auf ihren Überzeugungen. Ihr Engel wandtet euch an Hirten, nicht an die Buchgelehrten und Gottesexperten. Ihr trautet jenen, die als »nicht praktizierende« Juden galten, Offenheit für Gottes Handeln zu. Sie erwiesen sich offen dafür, wie Gott Frieden auf Erden bringt. Und sie machten sich auf den Weg!
Lasst auch uns heute Licht aufscheinen in unserem Alltag, Licht, das unsere Horizonte leuchten lässt. Eröffnet auch uns Perspektiven über unser eigenes Sorgen und Planen hinaus. Öffnet uns Augen dafür, wie Gott sich auch uns und unserer Welt annimmt und wie leise er in ihr gegenwärtig ist. Öffnet uns den Blick des Herzens für seine Liebe, die uns im Unscheinbaren begegnet.
Highlights sind kostbar: allgemein in einem Leben, in Beziehungen wie auch in Glaubensgeschichten! Wie das Alltagsleben kann auch der Alltagsglaube zur Routine werden. Die Hirten kannten ihre Felder, ihre Tiere, ihre Wege. Tag für Tag und Nacht für Nacht taten sie ihre Arbeit und ihren Dienst im vertrauten Rhythmus und in den bewährten Abläufen. Auch in unserem Leben nimmt vieles seinen gewohnten Gang – familiär, beruflich, in der Freizeit und auch in der Religion. Lasst uns aufmerken, wenn ihr unsere Wege kreuzt und sich der Himmel über uns

öffnet. Segnet auch unser menschliches und spirituelles Leben mit den Highlights, die wir brauchen, um auf dem Weg zu bleiben: persönlich, gemeinsam und mit Gott, der unsere Nähe sucht.

Vierte Woche

Auf dem Weg mit Hirten

Für die letzten Tage auf dem Weg zur Krippe gesellen wir uns zu Hirten und Hirtinnen auf den Feldern unterhalb der Hügelstadt Betlehem. Sie erinnern an den jungen David, der hier Schafe hütete, als der Prophet Samuel im Auftrag Gottes den künftigen König suchte. Schon damals zeigte sich, wie sehr sich menschliche Wertvorstellungen vom Handeln Gottes unterscheiden: Der Betlehemiter Isai präsentiert seine sieben stattlichen Söhne, der Prophet wählt und salbt den Kleinsten, der als achter erst vom Feld gerufen werden muss (1 Samuel 16).

Die folgenden Schritte sind von einer Hirtenpredigt inspiriert, die mir der Franziskaner Franz Richardt vor 20 Jahren in Münster zusteckte. Ich habe sie im Lauf der Jahre mehrfach umgestaltet und erweitert.[28] Als Weggeschichte lässt sie sich nun zu Impulsen für die letzten Schritte auf das Fest der Gottesgeburt hin ausformen.

Ist die vierte Adventswoche von kürzerer Dauer, können auch ein Hirte und eine Hirtin gemeinsam jeden Tag begleiten. Die folgende Zählung geht von der langen Adventswoche des Jahres aus, in dem dieses Buch erscheint.

Sonntag
Aufbrechen mit Samuel, dem Kräftigen

Es gibt Geschichten, die wir gerne hören, auch wenn sie uns Satz für Satz vertraut sind. Gerade ihrer Vertrautheit wegen lohnt es sich darauf zu achten, was Lukas zwischen den Zeilen sagt oder was er offenlässt, um unserer Seele Raum zu geben: Freiräume, damit wir tiefer in diese Geschichte eintreten und auch uns selber in ihr finden.

»In jener Gegend lagerten Hirten auf freiem Felde und hielten Nachtwache bei ihren Herden« (Lukas 2,8). Ich frage mich, ob alle Wache hielten in jener Nacht. Einige schliefen doch sicher in ihren Wohnhöhlen und Nomadenzelten, um am Tag wieder fit zu sein. Haben diese das nächtliche Licht auch gesehen? Wurden sie geweckt, ins Bild gesetzt? Oder haben sie es verschlafen? Die Wachenden scheinen eilig aufzubrechen. Die einen machen intensive und tiefe Erfahrungen, menschliche und religiöse. Andere bleiben davon unberührt, verschlafen oder verpassen sie. Geht es nicht auch uns so, oft schon in der eigenen Familie? Glaubenserfahrungen sind letztlich ein Geschenk. Und Gott handelt leise, nicht wie ein Donnerer, nicht pompös wie Staatschefs oder aufdringlich wie die moderne Werbung. Das Licht in der Nacht, niemand im nahen Betlehem hat es bemerkt. Was die Stadt verschlief, haben eine Handvoll Hirten und ein paar Hirtinnen vor ihren Toren bemerkt. Es darf Gottes Geheimnis bleiben, weshalb er so leise handelt – und er weiß auch, wann und wie er all die anderen erreichen wird.

Die Botschaft Gabriels und das Lied der Engel bringen Bewegung unter die Hirten: *»Und es geschah, als die Engel von ihnen in den Himmel zurückgekehrt waren, sagten die Hirten zueinander: Lasst uns nach Betlehem gehen, um das Ereignis zu sehen, das uns der Herr kundgetan hat!«* (Lukas 2,15). – Gingen alle Wachenden? Blieb keiner bei den Schafen zurück, pflichtbewusst und »beruflich verhindert«? Wurde einer bestimmt, weiterhin aufzupassen: der Jüngste vielleicht oder ein Gehbehinderter? Blieb jemand aus Bequemlichkeit? Oder einer, den Zweifel zurückhielten? Auch das wäre uns doch vertraut: dass nicht mehr alle losziehen, um das Kind zu sehen, dass Menschen sich den Weg zur Krippe ersparen, weil sie zu träge geworden sind oder weil sie die Botschaft nicht glauben können. Und jene Hirten, die gehen: *Wie* gehen sie? Erwartungsvoll? Mit Freude? Oder gehen sie einfach mit? Stellen wir uns die Hirtinnen auf dem Weg vor: Schafe und Arbeit hinter sich, das Hoffnungsvolle vor sich. Einer schreitet freudig, eine kurzatmig und aufgeregt, einer vielleicht skeptisch und eine Hirtin voller Hoffnung.

Stellen wir uns heute Samuel vor, den Kräftigsten! Seine Seele atmet auf: »Endlich, Gott im Himmel, endlich hat die Unterdrückung ein Ende. Der Messias kommt – und die Römer werden gehen! Der Messias wird aufräumen mit den Herren, die die kleinen Leute ausnehmen, er wird aufräumen mit den Abzockern und auch mit den Pharisäern – endlich!«

Ich geselle mich zu dir, Samuel! Du schreitest tatenfreudig und kraftvoll! »Du hungerst und dürstest nach Gerechtigkeit!« Dein Zorn über das Unrecht, das politisch und wirtschaftlich Mächtige in Kauf nehmen oder selber verschulden, ich verstehe ihn. Unterdrückung und Unrecht dürfen nicht schweigend oder tatenlos hingenommen werden. Es gibt keinen Frieden ohne Gerechtigkeit. Jesus wird Menschen wie dich und mich seligpreisen, und er wird jedes Engagement für eine friedlichere und gerechtere Welt segnen: Auch dieser unser Hunger wird »satt werden« (Matthäus 5,6).

Vier Tage vor Weihnachten
Aufbrechen mit Tobit, dem Hinkenden

Stellen wir uns als Zweiten unter den Hirten auf dem nächtlichen Weg Tobit vor, den Hinkenden: »Der Messias, der Heiland: Er wird meinen mühevollen Gang sehen und mir Kraft geben. Er wird mir Gesundheit schenken. Er wird seine Hand auf mich legen und mich heilen! Er wird meine Traurigkeit vertreiben und mein Lachen neu wecken!«

Ich sehe verschiedenste Menschen, die sich zu dir gesellen, Tobit. Einige hinken körperlich, andere seelisch: Kinder und Erwachsene mit Beeinträchtigungen, Sehbehinderte, Menschen mit Altersbeschwerden oder solche, die von einem Unfall oder einer schweren Krankheit nur langsam wieder zu Kräften kommen, Menschen mit Invalidenrente und solche, die nur mit Therapien auf den Beinen bleiben! Geschichten wie die des biblischen Tobit nähren die Hoffnung auf Gott, der seine Nähe auch in Wundern der Heilung zeigt. Ich bete mit dir darum – für dich und für viele, die es hoffend tun! Und wir Brüder tun es in meinem Kloster regelmäßig für all jene, die in unserer Kirche Kerzen anzünden und ihre gesundheitlichen Sorgen auf Fürbitt-Zettel schreiben. Bleibe unterwegs zum Stall, Tobit, auch wenn du es nur hinkend kannst, mit deiner ganz persönlichen Hoffnung! Und ermutige du alle, die heute durch ihr Leben hinken und die auf ihrem Weg an ihre Grenzen kommen, Schritt um Schritt weiterzugehen!

Drei Tage vor Weihnachten
Aufbrechen mit Sara, der Kinderreichen

Stellen wir uns als Dritte Sara vor, die Kinderreiche: »Der Herr ist da! Komm zur Ruhe, gestresste Seele: Ich werde ihm, der alles regiert, vom ewigen Streit zu Hause erzählen. Meinen Ärger werde ich ihm zeigen, und er wird ihn verstehen. Er wird erkennen, wie sehr ich ausgenutzt werde. Er wird mich in Schutz nehmen, meine Arbeit würdigen und den anderen die Augen öffnen, denn er ist gerecht!«

Auch du darfst hoffen, Sara, in deinem familiären Stress! Der Gott Israels hat ein Auge auf Gehetzte und Ausgenutzte. Die Psalmen sichern ihnen Gottes Zuwendung zu. Jahwe versöhnt und befreit, er öffnet Blinden die Augen und lässt Gemeinschaft gelingen. Wer die eigenen Talente einsetzt und für das Wohl anderer einsteht, erfährt Segen vom Höchsten. Doch brauchen wir alle auch zwischenmenschlich Wertschätzung und Anerkennung. Wer sie findet, wird davon beflügelt, und wem sie versagt bleibt, der oder die droht von Frustration gelähmt zu werden. Vertraue darauf, dass der Messias auch die Augen all derer öffnet, die deinen Einsatz als selbstverständlich hinnehmen und oft gar nicht sehen, was du in deiner Hingabe alles leistest!

Zwei Tage vor Weihnachten
Aufbrechen mit Judit, der Nüchternen

Als Vierte ist Judit unterwegs, die Nüchterne: »Messias, Heiland? Noch so einer, noch so ein selbsternannter Retter des Orients, noch einer, der Leute um sich schart, ein Guru, der ihren Verstand vernebelt, der von Freiheit redet und den Leuten das Geld aus der Tasche zieht? Ich werde sie warnen, jene, die auf ihn hereinfallen, die sich blenden lassen: Wir sind selber unseres Glückes Schmied! Gebrauchen wir die eigene Vernunft und unsere Hände!«

Ich erinnere mich an den auch politisch heißen Sommer 2017 in Israel, Judit! Wir haben verschiedene Formen ungesunder Religiosität angetroffen. Fanatische Hamas-Kämpfer feuerten Raketen aus dem Gazastreifen auf jüdische Dörfer und zwei junge Muslime stürzten sich mit Messern auf eine israelische Patrouille am Tempelberg. Sie wurden verfolgt und auf dem heiligen Berg erschossen. Wochenlange Unruhen mit vielen Verletzten und mit Toten waren die Folge. Jüdische Ultraorthodoxe tanzten mitten im arabischen Ostjerusalem, von Militärs beschützt, und blockierten die engen Gassen provokativ. Ein ultraorthodoxer Jude spuckte mich an, als ich in Kutte, ebenfalls Sohn Abrahams, vom Gebet an der Klagemauer kam. Religiosität kann ungesund, fanatisch und feindselig werden. Intoleranz, religiöse Arroganz und fromme Blindheit gibt es auch in christlichen Kreisen. Selbsternannte religiöse Führer machen ihre Anhänger auch in Europa abhängig, instrumentalisieren sie für Eigeninteressen und ziehen nicht selten Profit aus blindem Vertrauen. Öffne uns die Augen für ungesunde Religiosität und lass alle Religiösen unter uns selbstkritisch fragen, wo wir uns blenden lassen!

Am Morgen von Heiligabend
Aufbrechen mit Ismael, dem Bedrückten

Und schließlich begleiten wir Ismael, den Bedrückten: »Der Herr, der König wird mich schnell durchschauen, wird alles sehen, was ich falsch gemacht, vermasselt oder unterlassen habe. Er wird mich streng anblicken – und mich von sich weisen: Fort mit dir! Versager, Egoist, die Axt ist schon an die Wurzel gelegt. Jeder Baum, der keine gute Frucht hervorbringt, wird umgehauen und ins Feuer geworfen (Lukas 3,9).

Es gibt viele Menschen, die ähnlich wie du darunter leiden, dass sie Erwartungen nicht genügen und Fehler machen. Sie möchten sich als nützlich erweisen und enttäuschen doch immer wieder. Sie erkennen zu spät, wo sie hätten handeln können oder sollen. Sie sind zu langsam oder zu gehemmt, um ihre Chancen zu nutzen. Ihr Blick zurück sieht allerorts verpasste Gelegenheiten. Sie möchten mittragen und fühlen sich zunehmend als Belastung und als Handicap für andere. Ihr Selbstwertgefühl versinkt im Boden. Erhalten sie mal Anerkennung, klingt es wie gutgemeintes Mitleid und lähmt, statt zu ermutigen. Mach uns behutsam mit Menschen, die zwei linke Hände haben, die zögerlich sind und denen wie dir so vieles nicht gelingt!

An Heiligabend selbst

Was die fünf Hirten in der Geburtshöhle erwartet

Die Hirten liefen hin, kamen eilends – oder eben einige von ihnen, längst nicht alle: Sie kamen zum Stall, und sie fanden Maria und Josef – und das Kind in der Krippe! Und sie hörten die Botschaft: dass Gott Mensch wurde! Sie kamen und wir kommen, sie hörten und wir hören, sie sahen und wir sehen! Und dann? Zunächst einfach Stille, nur Schauen – und Dastehen vor dem Geheimnis: Gottes Sohn liegt im Stroh.

Da stehen all die Simons, die Tatendurstigen, die Kämpferischen, die auf große Veränderungen warten. Da stehen sie, die Tobits, die Hinkenden, die krank und behindert Heilung für sich selber erhoffen. Da stehen die Saras, die gestresst auf Dankbarkeit, Anerkennung und mehr Rücksicht warten. Da stehen die Judits, die Nüchternen und Skeptischen, die auf eigene Vernunft und Hände vertrauen. Da stehen die Ismaels, die voller Selbstzweifel keinem mehr richtig in die Augen schauen. Wie mag es ihnen ergangen sein, im Stall, in der Wohnhöhle von Betlehem? Mit Stallgeruch in der Nase? Einem jungen Paar vor sich? Improvisierter Gastfreundschaft? Und einem winzigen Kind, neugeboren und in den Armen der Mutter geborgen? Was sie wohl fühlten, als sie sahen und hörten, was das junge Paar ihnen erzählte:

In einer Welt, in der ein Kaiser Tausende von Menschen auf den Weg schickt und Manager über die Köpfe ganzer Völker hinweg bestimmen, in so einer Welt macht sich Gottes Sohn mit auf den Weg! Er kommt auf den Weg mit einfachen Menschen, die von harter Wirtschaftspolitik betroffen sind. In einer Welt, in der ein König Truppen einsetzt und Waffen schärfen lässt, wagt Gottes Sohn sich mit leeren Händen und schutzlos ins Leben. In einer Welt, in der Herbergswirte und andere Wirtschafter profitorientiert entscheiden, rechnet Gott dennoch mit offenen Türen und Orten der Menschlichkeit. In einer Welt, in der Fremde abgewiesen werden, geht Gott mit jenen weiter, die keinen Platz mehr finden. In einer Wohnhöhle, unter einem einfachen Dach, kommt sein Sohn zur Welt!

Weil eine Frau JA gesagt hat, JA zu ihrem Kind, trotz schwieriger Ausgangslage, kommt sein Sohn zur Welt! Weil ihr Partner JA gesagt hat zu ihr, zu ihr und ihrer Schwangerschaft, kommt sein Sohn gut zur Welt! Weil das junge Paar zusammengehalten und mühsame Wege gemeinsam bestanden hat und weil in Betlehem jemand offene Augen hatte für die leise Not zweier Menschen mitten im Gedränge der Stadt, kommt Gottes Sohn gut zur Welt.

Glücklicher Simon, der ahnt, wie Gottes Sohn die Welt verändern wird, mit leeren Händen und offenen Augen! Glücklicher Tobit, der spürt, wie sehr Gott selbst sich in unsere Grenzen und Nöte hineinwagt! Glückliche Sara, deren Stress und Ansprüche vom Frieden Marias und Josefs berührt werden! Glückliche Judit, die erfährt, dass es mehr als unsere Vernunft und unsere Hände gibt! Glücklicher Ismael, dem das Kind zulächelt, als er geduckt vor ihm steht!

Alle, die dabei waren, staunten …, und die Hirten kehrten zurück zu ihren Herden, zurück in ihre Alltagswelt: mit der Erfahrung, dass der große Gott über der Welt ganz klein unter uns ist und unsere Wege tiefmenschlich mitgeht, im Glauben an unsere Menschlichkeit und an eine menschlichere Welt!

Weihnachten

Himmel – zur Welt gekommen: Gottes Liebe auf Augenhöhe

Die folgende poetische Betrachtung entfaltet ein Motiv aus einer Weihnachtspredigt meines mittelalterlichen Bruders Antonius von Padua.[29] Die 14 Strophen teilen mit der franziskanischen Mystik die Überzeugung, dass Gott seit Beginn der Schöpfung an seine Menschwerdung dachte, um so in der Fülle der Zeit uns Menschen ganz menschlich in die Augen schauen zu können:

Du, der die Welt erschuf,
wirst, von Liebe bewegt, auch selber Geschöpf.

Du, der alles Leben ins Dasein ruft,
lässt dich empfangen durch das JA einer Frau.

Du, den das Weltall nicht fasst,
wirst irdisches Leben – wie ein Funke so klein.

Du, der die Schöpfung geformt und die Wesen in ihr,
lässt selber Dich formen in Marias Schoß.

Du, Erhabener, des Universums Herr,
willst schlicht nur erscheinen als Arbeitersohn.

Du, Herr aller Herren und König der Welt,
wirst Kind einfacher Leute in besetztem Land.

Du, dem das All und alles gehört,
findest in Betlehems Gassen verschlossene Türn.

Du, der Du all deine Menschen liebst,
kommst ausgeschlossen in einer Höhle zur Welt.

Du, der Du über der Welt Geschichte thronst,
wirst auf Stroh gebettet von Hirten bestaunt.

Du, der allein unseren Hunger nach Leben stillt,
trinkst an der Mutter Brust nun selber im Durst.

Du, der Du Weisheit bist und alle Werke kennst,
Du weinst und lächelst als Wickelkind.

Du, der die Schritte der Welt zur Vollendung führt,
lernst selber zu gehen an Mirjams Hand.

Du, dessen Liebe uns in Schöpfung und Geschichte umwirbt,
wirst als Bruder uns zeigen, wie Gottes Zukunft beginnt.

Anmerkungen

Die Bibeltexte sind vom Autor selbst aus dem Urtext übersetzt worden.

1 So bezeugt es der Biograf des Heiligen, Thomas von Celano: *Franziskus-Quellen*, hg. von Dieter BERG – Leonhard LEHMANN, Kevelaer 2009, ^{2}2014, 407 (2C 199).
2 PAPST FRANZISKUS, *Apostolisches Schreiben Admirabile signum* (1. Dezember 2019): http://w2.vatican.va/content/francesco/de/apost_letters/documents/papa-francesco-lettera-ap_20191201_admirabile-signum.html (abgerufen am 2. Januar 2020).
3 Das genannte Dotan liegt bei Jenin im Palästinensergebiet, rund 30 km südlich von Nazaret, nahe am Abraham Path.
4 Bargiel PIXNER, *Mit Jesus durch Galiläa nach dem fünften Evangelium,* Rosh Pina 1992.
5 Walter BÜHLMANN, *Wie Jesus lebte. Alltag und Kultur vor 2000 Jahren,* Luzern 2017.
6 Die Gedichtform drückt eine Erfahrung oder eine Erkenntnis in elf Wörtern aus. Die 1. Zeile knüpft mit einem Wort an eine Situation oder ein Motiv an. Dieses wird in der 2. Zeile mit zwei Worten näher beleuchtet und in der 3. mit drei Worten entfaltet. Die 4. Zeile fasst ein Geschehen oder eine Wahrheit in vier Worte, worauf die 5. Zeile in ein Schlüsselwort mündet, das zum Weitersinnen einlädt.
7 Bargiel PIXNER, *Mit Jesus in Jerusalem. Seine ersten und letzten Tage in Judäa,* Rosh Pina 1996, 15–24; Katharina CEMING – Jürgen WERLITZ, *Die verbotenen Evangelien. Apokryphe Schriften,* Wiesbaden 2007, 75–99.
8 Heinrich FÜRST – Gregor GEIGER, *Im Land des Herrn. Ein franziskanischer Pilger- und Reiseführer für das Heilige Land,* Paderborn ^{6}2016, 554–561 (Ain Karim).
9 Nadia RUDOLF VON ROHR, *In Stein gemeisselt, vom Winde verweht,* in: *Tauzeit – Inspiration für Franziskanisch Interessierte*, 22 (2020) Nr. 85, 6–7.
10 IRENÄUS VON LYON, *Adversus haereses* IV, 20, 7, dazu: Anne-Lene FENGER, *Gloria Dei vivens homo – vita hominis visio Dei: menschliches Leben als Teilhabe an der Herrlichkeit Gottes bei Irenäus von Lyon*, in: *Garten des Lebens. Festschrift für W. Cramer,* hg. von Maria Barbara VON STRITZKY – Christian UHRIG, Altenberge 1999, 85–101.
11 Ansgar WUCHERPFENNIG, *Josef der Gerechte. Eine exegetische*

Untersuchung zu Matthäus 1–2 (Herders Biblische Studien 55), Freiburg 2008.

12 Diese in evangelischen Kirchen umstrittene und in der katholischen Kirche dogmatisierte mariologische Lehre stützt sich nicht auf die Bibel, sondern auf das Protoevangelium des Jakobus (Kapitel 19–20): CEMING – WERLITZ, *Verbotene Evangelien* (wie Anm. 7), 94–95.

13 Anselm GRÜN – Andrea SCHWARZ, *Und alles lassen, weil er mich nicht läßt. Lebenskultur aus dem Evangelium*, Freiburg [2]1996, 154–155.

14 Text in offizieller und neuer Übersetzung, kommentiert und situiert: Niklaus KUSTER, *Unser aller Vater. Beten wie Franz von Assisi*, ©Patmos Verlag. Verlagsgruppe Patmos in der Schwabenverlag AG, Ostfildern 2020, 80–116, www.verlagsgruppe-patmos.de

15 Luigi PADOVESE, *Pellegrini e forestieri in un'epoca di mobilità. Storia e senso odierno dell'itineranza francescana*, in: *Pellegrini e forestieri. L'itineranza francescana,* a cura di Luigi PADOVESE, Bologna 2004, 5–19; da auch die Zitate aus Zygmunt BAUMAN, *Unbehagen in der Postmoderne,* Hamburg 1999.

16 Zu den Friedenstreffen der Religionen in der Stadt Assisi: Niklaus KUSTER, *Spiegel des Lichts: Franz von Assisi – Prophet der Weltreligionen* (Franziskanische Akzente 22), Würzburg 2019, 12–18, 57–80.

17 *Brief an Diognet* 5: *Frühchristliche Apologeten und Märtyrerakten.* 1 (*Bibliothek der Kirchenväter.* 12), München 1913, 9 (eigene Übersetzung NK).

18 BEDA VENERABILIS, *In Matthaei evangelium expositio,* in: *Patrologia Latina* 92, Sp 13.

19 Beda folgt darin einer griechischen Vorlage. Dazu und zur Generationensymbolik: Hugo KEHRER, *Die heiligen drei Könige in Literatur und Kunst.* 1, Hildesheim [2]1976, 66–67.

20 Das Lied findet sich noch immer im Katholischen Gesangbuch der Schweiz, Zug 1998 (KG 358), nicht jedoch im deutschen Gotteslob von 2013, im Evangelischen Gesangbuch von 1996 und im Evangelisch-reformierten Gesangbuch der Schweiz von 1998.

21 Zweites Vatikanisches Konzil, *Erklärung »Nostra Aetate«* 2.

22 Zit. nach KUSTER, *Unser aller Vater* (wie Anm. 14), 112–113.

23 Franz von Assisi staunt über den Gottessohn »natus in via«: *Franziskus-Quellen* (wie Anm. 1), 30.

24 Georg Schmid (1990), Gott aus Gott und Licht aus Licht (Text), © Theologischer Verlag Zürich.

25 Vgl. nach dem Titel der Studie von Rüdiger BARTELMUS, *Von Eselinnen mit Durchblick und blinden Sehern. Numeri 22,20–35*

als Musterbeispiel narrativer Theologie im Alten Testament, in: *Theologische Zeitschrift* 61 (2005) 27–43.

26 Zu Gabriel in der Bibel: Hans KLEIN – Christoph RÖSEL, *Gabriel*, in: *Wissenschaftliches Bibellexikon* WiBiLex: http://www.bibelwissenschaft.de/stichwort/18798/ (abgerufen am 1. Juli 2020).

27 Hermann-Josef VENETZ, *Die Geburt einer neuen Zeit. Gedanken zu Advent und Weihnachten,* Fribourg 1997, 94–98.

28 Franz Richardt lehrte damals Predigtkunst an der Philosophisch-Theologischen Hochschule der Kapuziner, an der ich Spiritualitätsgeschichte unterrichte. Er lebt heute im Bildungshaus Ohrbeck bei Osnabrück: www.haus-ohrbeck.de

29 *Lehrer des Evangeliums. Ausgewählte Texte aus Predigten des hl. Antonius von Padua,* übersetzt und erläutert von Sophronius CLASEN (Franziskanische Quellenschriften 4), Werl 1954, 90–109.

Von Niklaus Kuster sind im Echter Verlag ebenfalls erschienen:

Spiegel des Lichts
Franz von Assisi –
Prophet der Weltreligionen
Franziskanische Akzente, Band 22

96 Seiten. Gebunden

ISBN
978-3-429-05428-1
978-3-429-05055-9 (PDF)
978-3-429-06457-0 (ePub)

Franz von Assisi - Freiheit und Geschwisterlichkeit in der Kirche
Franziskanische Akzente, Band 6

96 Seiten. Gebunden

ISBN
978-3-429-03781-9
978-3-429-04791-7 (PDF)
978-3-429-06207-1 (ePub)

echter verlag
www.echter.de